GESTÃO INTERATIVA NO ÂMBITO DA SAÚDE

Editora Appris Ltda.
2.ª Edição - Copyright© 2024 do autor
Direitos de Edição Reservados à Editora Appris Ltda.

Nenhuma parte desta obra poderá ser utilizada indevidamente, sem estar de acordo com a Lei nº 9.610/98. Se incorreções forem encontradas, serão de exclusiva responsabilidade de seus organizadores. Foi realizado o Depósito Legal na Fundação Biblioteca Nacional, de acordo com as Leis nos 10.994, de 14/12/2004, e 12.192, de 14/01/2010.

Catalogação na Fonte
Elaborado por: Dayanne Leal Souza
Bibliotecária CRB 9/2162

P149g 2024	Paiva, Francisco Gestão interativa no âmbito da saúde / Francisco Paiva. – 2. ed. – Curitiba: Appris, 2024. 111 p. : il. ; 21 cm. Inclui referências. ISBN 978-65-250-6795-7 1. Gestão interativa. 2. Saúde. 3. Atendimento ao cliente. I. Paiva, Francisco. II. Título. CDD – 613

Livro de acordo com a normalização técnica da ABNT

Appris
editora

Editora e Livraria Appris Ltda.
Av. Manoel Ribas, 2265 – Mercês
Curitiba/PR – CEP: 80810-002
Tel. (41) 3156 - 4731
www.editoraappris.com.br

Printed in Brazil
Impresso no Brasil

Francisco Paiva

GESTÃO INTERATIVA NO ÂMBITO DA SAÚDE

2ª edição

Appris
editora

Curitiba - PR
2024

FICHA TÉCNICA

EDITORIAL
Augusto Coelho
Sara C. de Andrade Coelho

COMITÊ EDITORIAL
Ana El Achkar (Universo/RJ)
Andréa Barbosa Gouveia (UFPR)
Antonio Evangelista de Souza Netto (PUC-SP)
Belinda Cunha (UFPB)
Délton Winter de Carvalho (FMP)
Edson da Silva (UFVJM)
Eliete Correia dos Santos (UEPB)
Erineu Foerste (Ufes)
Fabiano Santos (UERJ-IESP)
Francinete Fernandes de Sousa (UEPB)
Francisco Carlos Duarte (PUCPR)
Francisco de Assis (Fiam-Faam-SP-Brasil)
Gláucia Figueiredo (UNIPAMPA/ UDELAR)
Jacques de Lima Ferreira (UNOESC)
Jean Carlos Gonçalves (UFPR)
José Wálter Nunes (UnB)
Junia de Vilhena (PUC-RIO)

Lucas Mesquita (UNILA)
Márcia Gonçalves (Unitau)
Maria Aparecida Barbosa (USP)
Maria Margarida de Andrade (Umack)
Marilda A. Behrens (PUCPR)
Marília Andrade Torales Campos (UFPR)
Marli Caetano
Patrícia L. Torres (PUCPR)
Paula Costa Mosca Macedo (UNIFESP)
Ramon Blanco (UNILA)
Roberta Ecleide Kelly (NEPE)
Roque Ismael da Costa Güllich (UFFS)
Sergio Gomes (UFRJ)
Tiago Gagliano Pinto Alberto (PUCPR)
Toni Reis (UP)
Valdomiro de Oliveira (UFPR)

SUPERVISORA EDITORIAL
Renata C. Lopes

ASSESSORIA EDITORIAL
Jhary Artiolli

REVISÃO
Fernanda Schimanski Bernardes

PRODUÇÃO EDITORIAL
Adriana Polyanna V. R. da Cruz

DIAGRAMAÇÃO
Andrezza Libel de Oliveira

CAPA
Tarliny da Silva

REVISÃO DE PROVA
Lavínia Albuquerque

A minha querida mãe, Maria Jacineude de Paiva, a quem dedico a minha vida e o meu amor.

AGRADECIMENTOS

Agradeço primeiramente a Deus, meu Pai celeste que tem me dado forças em todos os momentos de minha vida, sempre me protegendo e me guardando de todo mal, e me fez chegar até aqui, obrigado meu Deus por tudo. Agradeço também a minha família, meus irmãos Paiva: Joelson, Joelton e Leandro, minha querida mãe Maria por tudo que fez por mim até hoje e sem sombra de dúvidas continuará fazendo e ao meu lado para todo o sempre. Obrigado minha rainha, a ti devo e dedico minha vida. Agradeço ao Erick, por estar ao meu lado, pela contribuição com esta obra, por ser uma pessoa incrível, por tanto me ensinar, me motivar, e me amar. Amo você hoje e sempre. Agradeço aos meus grandes amigos, aos quais tenho fortes laços e estão comigo, Luciana, Fagner, Diully, Felipe, Eufrásio, Marcelo, Joabe, Marcio, Luis, Lorran, Winnie e Tuane. Amo vocês.

Desenvolva as pessoas e elas desenvolverão a organização.

Idalberto Chiavenato

APRESENTAÇÃO

Prezado(a) leitor(a),

Esta obra aborda a gestão interativa no âmbito da saúde, um estilo de administração organizacional que representa técnicas integradoras e coletivas, contemplando condições organizacionais e comportamentos gerenciais que provocam, mobilizam e incentivam a participação de todos os colaboradores no processo de administrar os três recursos gerenciais da organização: Capital, informação e recursos humanos. A inquietação motivadora parte da elucidação dos impactos que tal estilo de gestão venha a exercer sobre a performance organizacional de unidade de saúde. Partindo do princípio que o total comprometimento com os resultados, medidos como eficiência, eficácia e qualidade, resultam do engajamento das equipes envolvidas. A gestão interativa possibilita ampliação do controle no processo produtivo, o que incute nos colaboradores maior responsabilidade pelo êxito da organização e, consequentemente, faz com que estes se sintam, verdadeiramente, parte integrante da organização. O maior comprometimento com a organização afeta diretamente o desempenho do colaborador, que se torna mais motivado e mais produtivo.

A excelência na prestação dos serviços é uma das principais diretrizes nas organizações de saúde, prestar serviço de forma racional e inteligente tem atraído gestores e diretores das organizações à utilização adequada dos capitais disponíveis. Esta obra avalia a Gestão Interativa no Âmbito da saúde e sua relação com a produtividade dos colaboradores, identificando seus impactos ao que se refere à atuação dos colaboradores quanto à produtividade de uma organização, analisando os fatores influentes sobre as pessoas e os resultados esperados pela mesma. Este livro aborda assuntos acerca da gestão interativa, estilo de administração, motivação, recursos humanos, gestão de pessoas e produtividade. Comtempla fundamentação sobre análise de dados, obtidos através de questionários aplicados a colaboradores e gestores. Esta obra pretende tornar de domínio público a relevância da gestão interativa interligando a qualidade dos serviços prestados pelas organizações da área da saúde.

PREFÁCIO

Com muito prazer recebo o convite, para prefaciar o livro *Gestão interativa no âmbito da saúde*. A obra que ora vos apresento, reúne uma variedade de temas para gestores e colaboradores das mais diversas áreas. Faz o colaborador sentir-se parte do processo de tomadas de decisão. O autor é detentor de um estilo bem próprio: inovador, criativo e inteligente. Surpreende com o talento que tem de liderança e persuasão no tratamento com os colaboradores.

Um dos destaques do trabalho desenvolvido é sua sensibilidade aos valores humanos e às necessidades da organização de permanecer-se competitiva no mercado. Assim, ao longo dos capítulos que se seguem, verificamos o esforço de Jailson Paiva para superar o habitual paradigma dos gestores tradicionais quanto à interação com seus colaboradores.

Contudo, esse não é o único aspecto cativante do trabalho em questão. Ele nos apresenta uma dimensão mais ampla da gestão no ambiente organizacional. O texto consegue nos apresentar de forma clara e objetiva a gestão interativa como um processo que visa ao desenvolvimento da organização sem deixar de lado a participação do indivíduo, pois, para o autor, a divisão de responsabilidades entre o gestor e seus colaboradores no estabelecimento de objetivos e metas torna a gestão dinâmica e democrática.

O modelo de gestão apresentado neste trabalho assemelha-se às características pessoais do autor no que tange ao diálogo e a capacidade de persuasão frente aos seus liderados. Para Jailson, para gerir uma organização necessita-se do envolvimento de todos os colaboradores no processo, desde o planejamento até os resultados obtidos. Valorizar as ideias e as contribuições de cada colaborador auxilia para o crescimento da organização, aumentando sua produtividade.

Dessa forma, considero esta obra de leitura obrigatória a todos os gestores como uma forma de apresentação ao novo modelo de gestão – a chamada gestão interativa – que se faz necessário implantar nas organizações como um dos requisitos para a identificação e retenção de talentos por meio do envolvimento dos colaboradores no processo de tomada de decisão.

Naila Sampaio Figueredo

SUMÁRIO

CAPÍTULO 1
A GESTÃO INTERATIVA NO ÂMBITO DA SAÚDE 17

CAPÍTULO 2
O PROCESSO COLABORATIVO E SUA INFLUÊNCIA NA EXPERIÊNCIA DOS PACIENTES 21

2.1 Histórico da gestão interativa 25

   2.1.1 O surgimento e a prática da gestão interativa no Brasil 28

2.2 Associação Nacional de Administração Participativa (ANPAR) 32

2.3 Estilos de administração 34

   2.3.1 Teorias X e Y de McGregor 35

2.4 A evolução das teorias administrativas 39

2.5 Gestão interativa: processo de implantação nas organizações 43

2.6 Gestão interativa: vantagens e desvantagens 48

2.7 Impactos da gestão interativa na produtividade 51

CAPÍTULO 3
GESTÃO DE PESSOAS 55

3.1 Motivação 58

3.2 Cultura organizacional 61

3.3 Clima organizacional 64

3.4 Estilos de liderança 70

3.5 Tomada de decisões 73

CAPÍTULO 4
ANÁLISE DA GESTÃO INTERATIVA ORGANIZACIONAL 77

CAPÍTULO 5
A GESTÃO INTERATIVA SOB A PERCEPÇÃO DE COLABORADORES E GESTORES 79

CAPÍTULO 6
GESTÃO INTERATIVA: A GESTÃO DO SUCESSO 105

REFERÊNCIAS 109

CAPÍTULO 1

A GESTÃO INTERATIVA NO ÂMBITO DA SAÚDE

A gestão surgiu quando após a revolução industrial, os profissionais decidiram buscar solução para problemas que não existiam antes, usando vários métodos de ciências, para administrar os negócios da época o que deu início a ciência da administração, de modo que é necessário o conhecimento e aplicação de modelos e técnicas administrativas. A gestão se apresenta ainda como um ramo das ciências humanas porque tratam com grupo de pessoas, procurando manter a sinergia entre elas, a estrutura da organização e os recursos existentes.

A gestão interativa é um modelo administrativo que valoriza a participação de todos nos processos de administração, nos processos estratégicos e até na tomada de decisões de uma organização. Na prática, esse modelo de gestão é um estilo de liderança fundamentado em sólidos atributos, como colaboração, confiança e liberdade. Os profissionais se sentem como parte de um projeto e atuam no sentido de impulsioná-lo. Todos estão dispostos a dividir suas ideias, estudar prováveis obstáculos, desenvolver soluções inovadoras, entre outros. Como esse modelo de gestão suaviza a hierarquização e faz os cargos perderem força enquanto representativos de poder, ele é recomendado para estimular a troca de experiências e de informações. A finalidade dessa modalidade não é segmentar e dominar, mas sim incluir e aglutinar.

A gestão interativa no âmbito da saúde se apresenta nesta obra revisada e aprimorada para adequar seu conteúdo à realidade do contexto das organizações da saúde e da gestão de seus serviços, setores fortemente influenciados por mudanças políticas, econômicas e sociais. Colaboradores e gestores da área da saúde, este livro mantém a gestão interativa como pilar central, interagindo e aprofundando sobre aspectos da gestão, processos, organização e funcionamento dos serviços da assistência à saúde, e estudos de casos, que proporcionam avaliar situações.

Os serviços de saúde são organizações diferentes que exigem respostas singulares a reiterados desafios importantes e imprevistos. O objetivo da gestão é criar as condições para, sem perda de eficiência, majorar a flexibilidade e a capacidade de adaptação aos processos contínuos de mudança nas organizações. Como instituições peculiares e tendo em consideração a complexidade e diferenciação dos serviços de saúde, há necessidade de antecipar a evolução das práticas instituídas para seleção das técnicas de gestão adequadas.

O setor de saúde tem sido foco de atenção nos últimos tempos em função de seu crescimento e desenvolvimento tecnológico. Além disso desempenha papel estratégico na sociedade na medida em que atua na manutenção do equilíbrio social zelando pelo cuidado do bem-estar e pela sobrevivência das pessoas. Trata-se de um setor complexo que exige níveis elevados de capacitação lida com tecnologia de ponta e envolve diversas instituições com interesses distintos. Sua gestão interativa e estratégica constitui um dos principais desafios do sistema de saúde no país mais especificamente dos serviços de saúde. Gerir uma organização altamente complexa em um ambiente complexo que acena com mudanças estruturais tem se mostrado uma questão importante na medida que a demanda explode e a concorrência se estabelece. Dessa forma, o objetivo deste livro é discutir os principais desafios associados à gestão interativa estratégica em serviços de saúde diante do contexto anteriormente explicitado apresentando temas que abrangem um grande espectro de conhecimento para os gestores aplicados nesse campo de trabalho e relacionando a qualidade dos serviços prestados, com o nível de satisfação e participação nas tomadas de decisões da unidade de saúde.

A Gestão de uma unidade de saúde significa gerenciamento, administração de todos os processos que envolve a prevenção, tratamento e cura dos problemas de saúde das pessoas, refletindo na experiência dos pacientes. Tais processos se apresentam de forma complexa, uma vez que envolve percepção e resultados empíricos, de difícil mensuração. Os processos dos quais aqui me refiro, permeiam pela gestão de recursos humanos, financeiros e tecnológicos. Dentro de uma gama vasta de processos que precisam funcionar em perfeita harmonia para que o resultado esperado seja alcançado, e que possam resultar na satisfação dos clientes. O objetivo de uma unidade de saúde é de crescimento por meio do esforço humano organizado, pelo grupo, com um objetivo específico.

A gestão de saúde é uma prática que tem como objetivo manter a saúde física e mental dos colaboradores de uma organização de saúde por meio da adoção de políticas de prevenção e programas de bem-estar.

A estratégia de promover a gestão interativa também ajuda a desenvolver melhor os colaboradores daquela organização, já que pessoas que trabalham em ambientes saudáveis e participativos tendem a apresentar melhor rendimento e satisfação. Para que a gestão em saúde seja feita de maneira adequada, é preciso que os gestores pensem em estratégias personalizadas de acordo com o perfil e as necessidades de cada setor da organização, a fim de oferecer um ambiente seguro, confortável e saudável e participativo aos colaboradores. Discutiremos nos próximos capítulos os modelos de gestão, as técnicas infalíveis de conduzir as pessoas e alcançar melhora na qualidade dos serviços prestados pelas unidades de saúde.

São muitos os resultados esperados de uma unidade de saúde. Para atingimento dos mesmos, uma boa e interativa gestão em saúde gera um atendimento personalizado para o paciente. Dessa forma, é possível demonstrar atenção e respeito, fazendo com que aumente a confiança entre profissionais da saúde e paciente.

Peço licença para fazer uma analogia de uma unidade de saúde a uma orquestra, onde existe planejamento, ensaio, divisão de tarefas, análise de perfil, aptidão, talento, domínio, motivação, satisfação, envolvimento, sincronia, participação e importância igualitária. Igualmente devem ser vistos e considerados todos os profissionais de uma unidade de saúde. Pois são muitos os processos de uma unidade de saúde, estratégicos e operacionais, que envolvem deste a entrada do paciente a sua alta, partindo da recepção e acolhimento, avaliação, diagnóstico, tratamento, alta. Processos que vão de fazer planejamentos, montar escalas otimizadas, utilização de softwares com compartilhamento de informações, automatização de processos e manutenção preventiva de equipamentos, aquisição de suprimentos, são apenas algumas atitudes que podem ser tomadas para que o tempo seja melhor aproveitado na gestão de saúde.

Todos esses processos são conduzidos por pessoas, por colaboradores e ninguém entende melhor sobre uma prática além dos profissionais que a fazem, por isso a necessidade de envolvimento de todos, nos processos de análise e revisão de protocolos, técnicas, treinamentos, reconhecimento e a promoção da qualidade de vida no trabalho.

CAPÍTULO 2

O PROCESSO COLABORATIVO E SUA INFLUÊNCIA NA EXPERIÊNCIA DOS PACIENTES

Caro leitor, podemos considerar, em suma, que a gestão interativa na saúde faz parte de uma compreensão e de opção metodológica que se caracteriza pela produção de algo resultante da interação entre duas ou mais pessoas. Em sua execução, tal perspectiva tem como fundamento a colaboração que, por sua vez, busca articular aspectos relacionais para promover um processo de produção oriundo de um objetivo coletivo compartilhado. A ação colaborativa, na prática, apresenta-se bastante desafiadora e significativa para os processos que visam realizar-se de modo coletivo. Portanto, mecanismos e recursos que apoiam a abordagem colaborativa, contribuem significativamente para o seu aprimoramento.

A gestão interativa pode ser reconhecida a partir de elementos que consiste na percepção de que estamos conectados uns aos outros e só poderemos ter sucesso conjuntamente, assim a interdependência de metas deve ser estabelecida através de objetivos de cooperação mútua. Para que tenhamos êxito ao planejado faz-se imprescindível que haja responsabilidade individual, isso ocorre quando o desempenho de cada profissional da saúde é avaliado e os resultados são devolvidos ao grupo e ao indivíduo. Este estilo de gestão promove a interação face a face, onde os profissionais promovem o sucesso uns dos outros, apoiando, ajudando, incentivando e elogiando os esforços de cada um. A gestão interativa está pautada em habilidades interpessoais, a liderança deve ser ensinada aos colaboradores, bem como a tomada de decisões, a construção da confiança, a comunicação e as habilidades para gerenciar conflitos. Compreender esses elementos e desenvolver habilidades capazes de estruturá--los permite ao líder a adaptação colaborativa às circunstâncias e necessidades dos liderados, o aprimoramento de suas habilidades permitindo o desenvolvimento de comunicação em grupo, melhorando sua autoconfiança e sua capacidade de identificar e resolver problemas.

Compreende-se que um processo colaborativo bem--sucedido se dá pela fluidez, principalmente, da dimensão relacional que emerge de uma prestação de serviço coletivamente compartilhada.

O processo colaborativo é desafiador e demanda de alinhamento entre as equipes para ampliar a capacidade da ação colaborativa é necessário experimentá-la concretamente em ambientes onde há relação multi e interdisciplinar, reconhecendo a intenção de em grupo e com ações compartilhadas. Embora presuma atitudes, conhecimentos e habilidades de interação e de compartilhamento mútuo, a ação colaborativa não tem receituário padrão para execução, o que a torna essencialmente diversificada e complexa. Um elemento fomentador da colaboração é a articulação das próprias ações do grupo, que pode relacionar desde a distribuição dos papéis até explicitações de ações conjuntas entre seus integrantes.

No campo da saúde, ao compreender que ação colaborativa se faz também na articulação do campo das relações interpessoais, a colaboração torna-se estratégica e requer atenção desde o planejamento de uma atividade.

Na área da saúde, a colaboração é um elemento de grande relevância, sobretudo em decorrência das relações interprofissionais necessárias ao cuidado integral, o que ressalta sua importância também para os processos formativos de profissionais da área. A interação é uma base fundante da colaboração interprofissional, "termo utilizado para descrever a natureza da interação entre profissionais de diferentes campos do conhecimento, proporcionando uma atenção à saúde mais abrangente.

Para tanto, ao considerar "ação colaborativa" torna-se necessário melhor compreender como se dá a composição das relações interdisciplinares e, a partir delas, como podem propiciar resultados coletivos, característicos do trabalho em equipe. Para o campo da saúde esta é uma temática bastante relevante. A colaboração interprofissional tem sido apontada como um recurso que pode ser mobilizado para enfrentar problemas do modelo de atenção e da força de trabalho, e contribuir para elevar a efetividade dos sistemas de saúde.

Na colaboração os membros da equipe realizam o trabalho junto, apesar de inconscientemente, sem definição prévia acordada, possam ocorrer algumas divisões, mas que não correspondem a subtarefas independentes. As divisões de trabalho ocorrem de forma espontânea e não são determinadas por um determinado prazo. Desta forma, no trabalho colaborativo um mesmo membro pode assumir diferentes funções enquanto no trabalho cooperativo os elementos mantêm-se fiéis no desempenho dos seus papéis os quais não têm grande variação num curto espaço de tempo, ou no envolvimento de todos os processos que envolvem a experiência dos pacientes.

A Política Nacional de Humanização apostou num novo modo de gerir os serviços de saúde, numa perspectiva trazer mudanças, contribuindo para um atendimento mais resolutivo e democrático, com compromisso de corresponsabilidade, e participação entre os sujeitos envolvidos. A gestão interativa na saúde efetivamente dá a partir da inclusão e da acolhida do sujeito num dado espaço, que envolve a interação, a tomada de decisões conjuntas, viabilizando o controle social sobre as questões que afetam direta e ou indiretamente as necessidades dos pacientes.

O modelo de gestão interativa proposto pela Política Nacional de Humanização se refere a um modo de administrar com interação, de forma participativa, baseado no diálogo entre usuários, trabalhadores e gestores, que inclui o pensar e o fazer coletivo, uma ação inclusiva e compartilhada, centrada no trabalho em equipe, na construção coletiva e em espaços coletivos que garantem que o poder seja de fato compartilhado, por meio de análises, decisões e avaliações construídas coletivamente. O dia a dia das práticas de saúde tem revelado que os trabalhadores ainda participam pouco dos processos decisórios nas unidades que trabalham, o que pode ser atribuído, via de regra, aos modos de gestão centralizadora e pouco democrática da maioria dos gestores de unidades de saúde. Para promover a gestão interativa, inclusiva e compartilhada, com maior democratização nos processos de decisão, vários dispositivos/arranjos tem sido implementado nos diversos espaços de gestão de unidade de saúde, com resultados expressivos. A exemplo dos colegiados gestores, que são espaços coletivos que realizam o compartilhamento do poder, fomentando a participação tanto dos gestores e dos trabalhadores de saúde, quanto dos usuários nas decisões da unidade. Espaços em que há discussão e tomada de decisões, no sentido de buscar mudanças coletivas em benefício de todos.

As unidades de saúde têm demandas que extrapolam a governabilidade dos gestores e dos trabalhadores, e que necessitam ser discutidas e pactuadas. Dentre os seus resultados a gestão interativa se apresenta como agente potencializadora da comunicação e das relações entre os diversos atores da produção de saúde, estimulando a mobilização das equipes de trabalho na definição de objetivos comuns que promovam a mudanças desejadas, fomentando os encontros por meio das rodas de conversas, fazendo circular o diálogo de forma democrática no cotidiano de trabalho. A gestão não é um lugar ou um espaço, campo de ação exclusiva de especialistas, todos devem fazer parte da gestão, todos saem ganhando sem distinção, ganham os profissionais que são escutados na unidade e trabalham com mais compromisso e corresponsabilidade, ganham os gestores que tem dos colaboradores mais vínculo afetivo, respeito e credibilidade, ganham os pacientes que têm um atendimento mais qualificado e com mais acolhimento.

2.1 Histórico da gestão interativa

Os estudos sobre os primeiros registros de participação nos lucros datam de 1797, na Pensilvânia e o pioneiro do movimento de gestão interativa, foi Herbert Henry Dow do *Grupo Dow Chemical,* que em 1897, implantou o plano de participação nos lucros e convidava os trabalhadores para que investissem na organização e acreditassem no seu futuro. Com isso ganhou aliados que deram o máximo de seus esforços na consecução das metas e objetivos da organização *Dow*[1]. Esta ação destaca-se pela inovação para a época e pelo pensamento de futuro, em um cenário onde as pessoas não eram envolvidas nos objetivos das organizações, sendo fundamental o plano de participação nos lucros que, embora de forma localizada, pelo seu visível resultado em vários indicadores que até então não eram objetos de estudo, deu origem a outras ações que após um processo lento e de difícil inserção apresentou-se como um modelo bastante executado e com grandes perspectivas de futuro.

FREITAS, M. E. de.**Cultura organizacional:** formação tipologias e impacto. São Paulo, Makron Books, 1991.

Ainda segundo Motta[2] (2004, p. 10), "o centro das discussões da sociedade, no século XX, não era a extinção do conflito, mas a sua antecipação ou controle". A constatação apresentada remete ao fato de que as organizações embora estivessem sujeitas a falhas, a concorrência e a ascensão no que se refere à exigência de qualidade pelos clientes, despertaram a necessidade de trabalhar em grupo, de disseminar as metas e inserir as pessoas no contexto para que assumisse juntos aos proprietários e gerentes a responsabilidade pelo sucesso ou fracasso da organização. Segundo Motta[3] diversos ideólogos do capitalismo burocrático anunciavam em meados do século a emergência do trabalho não alienado com o desenvolvimento da automação. A Revolução Industrial significou o acordar de um sonho para uma realidade, a visão de pessoas enquanto máquina abriu espaço para a valorização das pessoas mediante sua relevância na condução das máquinas. Posteriormente, a percepção de que as pessoas tinham de si mesma enquanto seres humanos fizeram com que reivindicassem direitos, sendo assim o trabalhador apático cedeu lugar ao trabalhador que sabe sua relevância para as organizações.

Dessa forma a participação vem para tratar o conflito, porque nesse século, o conflito não pode mais ser resolvido pela coação física, então Elton Mayo nos Estados Unidos, um psicólogo industrial, trata das ideias participativas na organização por meio da atenuação das tensões e com a participação dos trabalhadores com as decisões que afetassem seu trabalho[4]. A relevância das constatações apresentadas está na fundamentação da necessidade de implantação de um novo modelo de gestão, a partir do momento que os operários tiveram a oportunidade de opinar e decidir, em princípio de forma tímida, embora fosse um marco nas tarefas que realizavam diariamente, repetidamente, sentimentos

---

[2] MOTTA, Fernando Claudio Prestes. **Teoria geral da administração**. 1. ed. São Paulo: Learning, 2004.

[3] Motta, 1984.

[4] Motta, 1984.

como autonomia e valorização despertaram nas pessoas prazer pelo trabalho, estudos realizados modificavam a visão distorcida que os donos de organizações tinham quanto à mão de obra, a alienação no trabalho cedia espaço para um modelo de gestão com impacto significativo na produtividade organizacional.

Após a Segunda Guerra e com a utilização de novas tecnologias, principalmente as de informação, no processo de produção houve a necessidade de alterar ou utilizar novas tecnologias de gestão. Para Faria[5] promover maior participação dos colaboradores na solução dos problemas do trabalho e maior eficácia na administração de conflitos. Essa é a estratégia de manutenção, reforço e, ou, ampliação do controle sobre o processo de trabalho.

A relevância do avanço tecnológico e seus impactos na gestão interativa, temática central desta obra, apresentam a necessidade de qualificar as pessoas para acompanharem a modernização das máquinas, por dois motivos de conhecimento comum, os operários estavam insatisfeitos com a robotização de suas atividades e inércia em que viviam, e pela relevância que perceberam que tinham no comando das máquinas. Esses dois fatores foram preponderantes, pois os problemas diagnosticados diariamente necessitavam além de uma supervisão, uma autonomia partindo do próprio operário, essa mudança serviu de degrau para posteriores questionamentos e pertinentes sugestões que melhorariam os processos produtivos, uma vez que o próprio trabalhador tinha muito a contribuir sobre aperfeiçoamento de sua atividade.

É correto afirmar que administrar é organizar, produzir e transformar. Essas funções serão alcançadas com êxito pelo profissional da administração quando não as fizer de forma fechada e centralizada, necessitando da participação de todos os membros da equipe envolvida. Quando o modelo de administração parti-

---

FARIA, José Henrique de. **Comissões de fábrica:** poder e trabalho nas unidades produtivas. Curitiba: Criar, 1987.

cipativa foi implantado ainda no Japão (1950) a finalidade era buscar a recuperação das organizações japonesas em declínio no cenário que se encontravam, uma vez identificada a necessidade de ascensão como medida a fugir da falência, a forma de gestão adotada envolvia diretamente os colaboradores de organizações, que hoje são gigantes, mas que começou por baixo. No modelo proposto havia um grupo de colaboradores participando da gestão organizacional o que ocasionou o nome de administração participativa japonesa.

O novo modelo serviu para que outros países iniciassem uma nova maneira de gestão, aos poucos houve o descongelamento de uma forma de gerir arcaica e ultrapassada que não satisfazia as necessidades e não acompanhava a evolução das organizações e das pessoas, pois nos séculos XVIII e XIX, os momentos de dificuldades na gestão das organizações estavam deixando-as a ponto de falência, os Estados Unidos, potência mundial, logo iniciou a busca de uma nova forma de gestão, a Gestão interativa. Com isso a forma de gerenciar as organizações abriu espaço para uma nova proposta de gestão, em decorrência disso algumas características dos modelos autocráticos foram enfraquecendo, embora ainda nos dias atuais esteja presente em muitas organizações.

2.1.1 O surgimento e a prática da gestão interativa no Brasil

Os primeiros registros de caso de gestão interativa no Brasil foram os cafezais na região paulista (1866) que faziam parcerias dividindo o lucro entre os donos das fazendas e os colonos imigrantes suíços[6]. Ainda que de forma localizada, destaco a rele-

---

[6] FREITAS, M. E. **Cultura organizacional:** grandes temas em debates. Revista de Administração de Empresas, v. 31, n. 2, p. 73-82. jul./ set. 1991.

vância do surgimento de uma prática que remete valorização e justiça em uma época caracterizada como desumana e de desvalorização da mão de obra existente. Observo ainda que o surgimento da gestão interativa no Brasil ocorreu de forma isolada, no que se refere ao campo da organização, e envolvendo questões econômicas, até então técnicas administrativas eram inerentes somente aos proprietários de terras.

A gestão interativa no Brasil surgiu de uma revolução silenciosa em organizações onde os colaboradores passaram a participar da administração e dos lucros. Cito como um de seus precursores mais famosos alguém que desde cedo aprendeu a lidar com planejamento, análises econômicas e informações de mercado, e que em diversas situações foi capaz de analisar o cenário para tomada de decisão. Não tinha medo do novo, e ultrapassou sua existência, simplesmente pela menção de seu nome.

O grande empresário Irineu Evangelista de Souza, mais conhecido como Barão de Mauá ou Visconde de Mauá, nascido no município de Arroio Grande, distrito de Jaguarão, Estado do Rio Grande do Sul, no dia 28 de dezembro de 1813, tornou-se um grande industrial, banqueiro, político e diplomata. Criador de mudanças, num meio em que os grandes empresários privados possuíam apenas uma organização, Mauá apostou na diversificação e montou várias indústrias, mesmo vivendo em um País onde a cultura predominante era a da agricultura. Foi um revolucionário ao contratar colaboradores como mão de obra e não escravos, base do sistema produtivo na época. Foi então que implantou um modelo de gestão com características que deram origem a gestão interativa no Brasil. Implantou em seus empreendimentos um modelo inovador e característico de gestão de pessoas[7].

FONTES FILHO, Joaquim Rubens. O empreendedorismo no sistema cultural brasileiro: a história do barão de Mauá. *In*: ENANPAD, 27., 2003, Atibaia. **Anais** [...]. Atibaia: ANPAD, 2003. CD-ROM.

Esse fato representou um marco para a gestão brasileira, com característica até então inexistentes ao conhecimento comum da realidade apresentada, o revolucionário supracitado inovou, com ações que trabalharam inúmeras questões que posteriormente seriam objeto de estudos. O empreendedorismo no sistema cultural brasileiro apresentado na história do Barão de Mauá tratava-se de um sistema de gerência altamente descentralizado, o que valorizava a responsabilidade individual do empregado e o trabalho que desenvolvia. A relevância da descentralização dos processos produtivos e divisão dos resultados entre os colaboradores em uma época onde a mão de obra era basicamente escrava foi algo revolucionário.

O Barão de Mauá, também investia em salários mais altos com o propósito de ter o melhor pessoal a seu lado. Mauá condenava o nepotismo, mas valorizava a meritocracia, ou seja, o merecimento próprio. Ainda segundo Caldeira[8], observo que a técnica de seleção de pessoas já era utilizada embora fosse o fator econômico o de maior relevância entendido pelos proprietários de terras, significa um relevante embasamento, merece destaque a bonificação por mérito, bastante comum nos dias atuais, em que as organizações com metas definidas e objetivos a alcançar lançam aos seus colaboradores desafios individuais e coletivos para o bem comum, onde os que mais se destacarem são promovidos.

A descentralização das decisões não tinha grande aceitação por parte dos proprietários de organizações e fazendas, atribui-se a isso o monopólio de capital, o patrimônio fechado, a mão de obra desqualificada e explorada. O processo de ascensão de um modelo de gestão que não fosse centralizador foi lento, afinal os proprietários de terras e indústrias acreditavam que detinham de conhecimento e autonomia suficiente para tomar as decisões sobre seus próprios negócios sem a intervenção de terceiros.

---

[8] CALDEIRA, Jorge. **Mauá**: empresário do império. São Paulo: Companhia das Letras, 1995. p. 14

A identificação do estilo de atuação interativa ou não nas organizações brasileiras era difícil de ser realizada, pois eram poucas as experiências de organizações que segundo Lerner[9] "abriram a direção de suas organizações aos colaboradores, com sucesso e corajoso pioneirismo". Já em 1850 no Código Comercial a participação era prevista como liberdade jurídica de duas formas: uma mais explícita, por meio da participação nos lucros e outra com ressalvas, a participação na gestão propriamente dita[10].

Essas duas formas de participação aparecem novamente na constituição de 1988, que no capítulo dos direitos sociais em seu artigo 7º, parágrafo XI assegura que um dos direitos dos trabalhadores urbanos e rurais para melhoria da sua condição social é a "participação nos lucros, ou resultados desvinculados da remuneração, e, excepcionalmente, participação na gestão da organização, conforme, definido em lei"[11].

Novas ferramentas de gestão estão sendo utilizadas no Brasil e que de alguma forma enfatizam a participação, estas práticas fazem com que o trabalhador precise repensar o seu trabalho. Abre-se para o trabalhador uma nova oportunidade de participação, pois, ao refletirem sobre a tarefa adquirem um maior domínio de seu trabalho e pode haver uma redistribuição do poder em virtude da descentralização da tomada de decisões. Nesse sentido, pode-se fazer uma prospectiva para o futuro onde os modelos estruturais e de gestão das organizações precisam continuar mudando, renovando-se, inovando-se e isso somente será possível se os gestores entenderem a relevância e começarem a praticar o sistema participativo.

LERNER, Walter. **Organização Participativa.** São Paulo: Nobel, 1991. p. 56.

SIRIHAL, Alexandre Bogliolo. Gestão interativa no Brasil: o elemento jurídico como norma Disiplinadora da regulação de conflitos. **Artigos do VIII ENANGRAD,** Rio de Janeiro, 1997.

BRASIL, **Constituição da República Federativa do Brasil - 1988.** Disponível em: http://www.lanalto.gov.br/ccivil_03/constituicao/Constituicao.htm. Acesso em: 02 set. 2014.

2.2 Associação Nacional de Administração Participativa (ANPAR)

No processo de implantação e consolidação da gestão participativa nas organizações no Brasil, caro leitor, é com satisfação que discorro sobre o trabalho realizado pela Associação Nacional de Administração Participativa (ANPAR), uma entidade sem fins lucrativos criada em 1985, em São Paulo. Segundo Matsubara[12], a ANPAR tem como missão contribuir para o desenvolvimento e a pesquisa junto às organizações associadas da ANPAR e da Associação Brasileira de Indústria Elétrico Eletrônica (ABINEE), que somam um total de 97 organizações associadas, sendo que 60 delas implantaram alguma modalidade de administração participativa. A entidade adota um conceito amplo de administração participativa, definindo-a em seu estatuto como um modelo de gestão humanizado que emprega participativamente o trabalho e os talentos humanos, baseando-se na equitativa convergência de interesses com fornecedores, empregadores, empregados e clientes. Perceba a relevância dessa entidade para o conhecimento e adesão das organizações quanto ao tipo de gestão abordada nesta obra.

Para que melhor se conheça a atuação da ANPAR no Brasil, entenda que sua finalidade é oferecer condições de modo que tanto organizações quanto pessoas e comunidade possam realizar trocas quanto a suas experiências de administração, nas quais prevalecem as participações responsáveis e o respeito aos interesses e à realidade local e cultural de todos os seus participantes. Destaco entre as conquistas alcançadas pela ANPAR a criação do Movimento Nacional pela Participação dos Lucros (Participa Brasil).

---

[12] MATSUBARA, Clarice Mieko. **Painel: Participação dos empregados nos lucros das empresas**. Disponível em: www.pr.gov.brbatebyte/edições/1995/bb47/comdex.htm. Acesso em: 30 ago. 2014.

A ANPAR contribui de forma significativa para revigorar a questão da participação dos colaboradores nos resultados das organizações, embasada em pesquisas realizadas em países desenvolvidos que indicam que tanto programas de participação nas decisões quanto programas de participação nos resultados econômicos, têm um efeito positivo sobre a produtividade. Uma vez que a participação nas decisões induz a motivação e o envolvimento com os objetivos da organização, a participação nos resultados constitui ainda uma forma de implantar elementos de convergência na relação colaborador-organização, porque, se bem-sucedidos, podem assegurar, ao mesmo tempo, a sobrevivência da organização e a garantia do emprego.

Percebo que a gestão das organizações brasileiras de uma forma geral é carente de confiança em seus liderados, é necessário então usufruir de um instrumento para a troca de experiências entre as organizações, é necessário que novas pesquisas impulsionem cada vez mais a cúpula das organizações a acreditarem nas pessoas e descentralizarem seus processos estratégicos, táticos e operacionais, e se ater aos benefícios trazidos ao que se refere à participação responsável dos colaboradores nas decisões, bem como nos lucros da organização. São inúmeras as vantagens da adoção da gestão interativa, a exemplo da melhora no desempenho dos dirigentes na gestão de pessoas, considerando, de forma geral, que quando os colaboradores são valorizados, eles sentem-se impelidos a colaborar para que a organização atinja seus objetivos e metas. Entendo que, neste mundo globalizado e competitivo, as organizações que não valorizam seus colaboradores, que não os integram no processo de trabalho e decisório, que não permite que se sintam motivados, satisfeitos, envolvidos e comprometidos com o trabalho, dificilmente se mantêm no mercado.

2.3 Estilos de administração

A Administração tem sofrido diversas mudanças ao longo dos anos, desde seu surgimento enquanto ciência e prática no contexto organizacional. Ao longo do tempo muitos modelos e estilos de administração surgiram, sobre influência de teorias bastante divergentes, algumas com foco na produção, na especialização, desconsiderando o fator humano, com campo limitado como é o caso da teoria Científica de Frederick Winslow Taylor a partir da segunda metade do século XIX, outras com abrangência mais estruturalista, como a Teoria Clássica de Henri Fayol, a partir de estudos realizados por volta de 1888 onde apresentava uma ideia mais completa sobre as organizações. Após a Revolução Industrial surgia a Teoria das Relações Humanas nos Estados Unidos como consequência das conclusões obtidas nos estudos de Elton Mayo e as Experiências em Hawthorne realizadas de 1927 a 1932. Essas teorias influenciaram e influenciam diretamente a atuação dos administradores nas organizações e suas formas de conduzir as pessoas e os negócios. Alguns estilos adotados geram insatisfação nas pessoas, prejuízos à produção, cultura organizacional contaminada, enquanto outros estilos podem propor ambiente de trabalho agradável. O fato é que ao longo do tempo houve uma espécie de evolução dos estilos de administrar, a burocracia abriu espaço para o liberalismo, a chefia abriu espaço para a liderança. As normas de trabalho tornam-se mais maleáveis, acompanhando a evolução na forma de gerenciar e liderar as organizações.

Os chefes estão perdendo espaço e dando lugar aos líderes, que escutam seus subordinados e delegam funções, depositando confiança nas pessoas. Os estilos de liderança mais ultrapassados, embora ainda existentes, são substituídos pelo que hoje é um perfil mais estrategista dentro dos novos modelos de gestão. Estes que também começam a modificar o ambiente de trabalho, os horários e até mesmo os salários e gratificações. Os estilos contemporâneos de administração possuem ênfase nas pessoas e no ambiente e ofertam uma variedade de formas de administrar direcionadas às organizações e aos administradores em geral, que dependem de suas convicções para estruturar os trabalhos a serem feitos nas organizações, pois, segundo Chiavenato[13], a teoria oferece muitos estilos de administração, e a própria Administração está muito marcada pelos estilos que os administradores utilizam para dirigir o comportamento humano. Porém, os estilos adotados dependem fortemente da ideia de natureza humana que os administradores utilizam dentro das organizações.

2.3.1 Teorias X e Y de McGregor

O estudo da teoria comportamental é inerente a um de seus mais populares pesquisadores, Douglas McGregor, o referido autor publicou obras em que transcorreu as forma de liderar, anseios e níveis de confiança dos administradores em relação ao capital humano disponível. Segundo Chiavenato[14], McGregor procura mostrar com simplicidade que cada administrador possui uma concepção própria a respeito da natureza das pessoas e que tende a moldar seu comportamento em relação aos subordinados. Em virtude disso geralmente a teoria que exemplifica a realidade de determinada organização, reflete nos colaboradores e na organização, por responsabilidade dos gestores.

Ainda segundo Chiavenato[15], a natureza humana, na visão dos administradores, possui duas formas contrárias, onde a primeira baseia-se na desconfiança, nesse caso parte-se do pressuposto que o ser humano é naturalmente passível de ser cor-

---

[3] CHIAVENATO, Idalberto. **Introdução à Teoria Geral da Administração**. 7. ed. rev. e atual. Rio de Janeiro: Elsevier, 2003. 634 p.

[4] CHIAVENATO, Idalberto. **Gestão de pessoas:** o novo papel dos recursos humanos nas organizações. 3. ed. Rio Janeiro: Elsevier, 2010b.

[5] Chiavenato, 2010.

rompido e a segunda positiva e moderna baseada na confiança nas pessoas. McGregor[16] denominou-as respectivamente de Teoria X e Teoria Y.

Na Teoria X, observamos como principais características uma forma rígida, na qual o trabalho era desenvolvido sobre uma fiscalização intensa, acreditando que as pessoas eram apáticas e sem iniciativa própria, não há confiança nas pessoas, uma vez que fogem de responsabilidade e não têm perspectivas de futuro ou ambições. Essa modalidade de direção é caracterizada pela forma autocrática imposta, o que não gera estímulo do indivíduo ao trabalho, esse tipo de controle inibe e gera desmotivação. Para Chiavenato[17], pessoas tratadas dessa maneira tendem naturalmente a responder com falta de interesse e de estímulo, alienação, desencorajamento, pouco esforço pessoal e baixa produtividade, situação que vai reforçar o pronto de vista do administrador, fazendo-o aumentar ainda mais a pressão, a vigilância e a fiscalização. A ação constrangedora do administrador provoca reação acomodativa das pessoas. Quanto mais ele coage, mais elas tendem a se alienar em relação ao trabalho.

Segundo Guerreiro Filho[18] uma multidão sem sonhos, resignada, robotizada, é o retrato dos trabalhadores formados no fim do século XX, tanto os filhos das ricas sociedades como os das mais problemáticas, profissionais que apenas executam um serviço.

A realidade apresentada sobre o comportamento dos trabalhadores, independentemente da classe social, de fato correspondia ao resultado de políticas de gestão onde não se acreditava nas pessoas, onde eram vistos somente como seres motivados unicamente pela busca por sobrevivência e impossibilitados de assumir responsabilidade, tornando-os pessoas apáticas e alheias

---

[16] McGREGOR , Douglas. **O Lado Humano da Organização**. New York: McGraw-Hill, 1960.

[17] Chiavenato, 2010.

[18] GUERREIRO FILHO, Antonio. **O poder da camisa branca**. Uma nova filosofia de gestão interativa. São Paulo: Futura, 2004. p. 14

ao desenvolvimento de ideias que contribuíssem para o aperfeiçoamento de suas próprias atividades, bem como sugerir a organização novas formas de atuação no mercado.

A Teoria X de Mc Gregor, uma vez que adotada pelo administrador, vai gerar falta de empenho por parte dos colaboradores, visto que, ao serem excluídos do contexto organizacional e tratados como mera mão de obra da linha de produção a produtividade estará comprometida, pois inúmeras insatisfações individuais e coletivas minimizam os esforços e o propósito de se atingir metas.

Em oposição a Teoria X, Mc Gregor, apresentou ainda uma nova forma de direção, a qual denominou Teoria Y. Segundo Chiavenato[19] o administrador adepto dessa teoria tende a dirigir pessoas com maior participação, liberdade e responsabilidade no trabalho, pois acredita que as pessoas sejam aplicadas, gostem de trabalhar e têm iniciativa própria. Tende a delegar e ouvir opiniões, pois acredita que as pessoas são criativas e engenhosas, o administrador compartilha com elas os desafios do trabalho, uma vez que são capazes de assumir responsabilidade, com autocontrole e autodireção no seu comportamento.

A Teoria Y envolve as pessoas no ambiente organizacional, de forma que fique claro que através do alcance dos objetivos organizacionais, satisfarão suas necessidades pessoais, o estilo Y cria um ambiente de participação democrático e que proporciona oportunidades às pessoas, pois elas são confiáveis e a organização precisa não só de sua mão de obra, e sim de suas ideias e contribuições. Nesse contexto, o indivíduo sente-se valorizado e isso reflete diretamente no seu desempenho dentro da organização. Para Guerreiro Filho[20] nessa filosofia, ser um administrador quer dizer ver nas pessoas potenciais imensos a serem incentivados,

---

[19] Chiavenato, 2010.

[20] GUERREIRO FILHO, Antonio. **O poder da camisa branca.** Uma nova filosofia de gestão interativa. São Paulo: Futura, 2004. p. 85.

com o objetivo de torná-los criadores das melhores soluções para os negócios, a engenharia, a mecânica, o mercado, a eletrônica e a administração.

A relevância da valorização das pessoas está ligada à definição do profissional condutor de metas e pessoas. Sendo assim o contraste principal entre a Teoria X (as pessoas são preguiçosas e evitam a responsabilidade) e a Teoria Y (as pessoas são criativas e independentes) está na forma como as pessoas são vistas pelos gestores, a teoria seguida pela organização está ligada a maneira como os gestores tratam e o que esperam das pessoas. Gestores que não esperam nada além do trabalho obrigatório mediante uma remuneração, que julgam ser o único fator motivador que justifica o ser humano trabalhar, seguem os preceitos da Teoria X, desta forma ele assume todas as responsabilidades, acreditando ser o único interessado no sucesso e crescimento da organização, o administrador que atua segundo essa teoria não confia nas pessoas, em virtude disso não delega responsabilidade, impõe um modelo de administração coerciva e centralizada, acreditando que o trabalho seja intrinsecamente desagradável para a maioria das pessoas e que poucas são ambiciosas, têm desejo de responsabilidades relacionadas ao trabalho; a maioria prefere ser orientada pelos outros. Acredita ainda que a maioria das pessoas tenha pouca capacidade para criar e encontrar soluções para os problemas da organização e a motivação ocorre apenas nos níveis fisiológico e de segurança que as pessoas julgam ser essenciais para seu conforto pessoal.

Os gestores que acreditam que o trabalho seja algo natural, desejável e prazeroso, desde que as condições sejam favoráveis para as pessoas, seguem os preceitos da Teoria Y. Essa modalidade de administração é descentralizada, pois o gestor acredita que o autocontrole seja frequentemente dispensável para a realização dos objetivos da organização e a delegação de atribuições e responsabilidade faz parte do estilo de gestão, pois parte-se do princípio de que as pessoas são confiáveis e segundo as normas adotadas, bem como cultura organizacional, benefícios e perspectiva de crescimento, pode-se extrair das pessoas o máximo de empenho para com os negócios da organização, o que agrega valor ao resultado esperado pelo coletivo.

Segundo Douglas McGregor[21] a abordagem clássica dos estudos sobre direção parte do pressuposto (Teoria X), de que o trabalhador é fundamentalmente preguiçoso, não gosta de responsabilidades, não se interessa pelos objetivos da organização e, tudo somado, prefere ser guiado. Daqui nasce à necessidade do controle e da direção rígida. A abordagem proposta por McGregor inverte totalmente esta posição. De fato, defende (Teoria Y) que o trabalhador pode, em determinadas condições, aprender não só a assumir responsabilidades, mas até a procurá-las. Além disso, ele dispõe de grandes recursos de autogestão, de participação nas soluções dos problemas, de tendência à colaboração com os objetivos e metas organizacionais.

2.4 A evolução das teorias administrativas

A Revolução Industrial influenciou o surgimento da ciência da administração, possibilitou transformar a economia, até então essencialmente agrária, para a economia industrial, refletindo em todas as áreas da vida humana. Nas fábricas, havia, de um lado, o empregador, que fornecia o equipamento e supervisionava o seu uso, e, de outro, o trabalhador reduzido à condição de operário. Nasce daí, a necessidade de disciplinar e organizar tanto a relação patrão x empregado, quanto os processos do trabalho.

Os estudos que deram origem as teorias administrativas que

---

[21] McGREGOR, Douglas. **O Lado Humano da Empresa**. New York: McGraw-Hill, 1960.

surgiram após a segunda metade da Revolução Industrial representaram fatores relevantes para a evolução, desenvolvimento e crescimento industrial e humano. As Teorias Científica e Clássica da Administração foram as principais e serviram de referência para a criação das demais e seus fundamentos são aplicados até hoje. Nos estudos que apresentaram características teóricas de análise do campo de trabalho Taylor e Ford desenvolveram os fundamentos clássicos, ambos de forma individual, tinham como metas e objetivos resolver os problemas mais importantes sofridos na época, que em síntese eram a análise limitada do campo organizacional e, por este motivo, a necessidade resultou em tornar o homem como parte da produção, ao invés de um simples item a mais no processo produtivo e não o elemento mais importante para a realização das tarefas, até então não era permitido que ele usasse o poder da criatividade, do raciocínio para aprimorar o processo produtivo.

A identificação de falhas e o surgimento das Ciências Sociais fizeram com que o enfoque passasse a ser comportamental analisando pela Psicologia do Trabalho a individualidade e a coletividade. Na exposição e defesa dos elementos defendidos pelas Teoria Clássica e a das Relações Humanas surgiram vários pesquisadores que defendiam a Teoria Clássica, mas criticando, revisando e reformulando a mesma, a fim de desenvolver o crescimento pessoal e intelectual de cada indivíduo dentro de sua hierarquia na organização. Bem como havia outros que defendiam a valorização do ser humano em critica a análise estruturalista apresentada pela Teoria Clássica. Outro estudo que fez parte da evolução das teorias administrativas foram as Experiências de Hawthorne, desenvolvida por Elton Mayo, sendo a percussora da Teoria de Relações Humanas. Porém somente através dos estudos de Herbert Simon que surgiu a Teoria Comportamental, que oposta à Teoria Clássica tinha como base o conceito de que há necessidades superiores ao retorno exclusivamente econômico. Itens como as condições de trabalho, a valorização do capital humano e a harmonia entre os companheiros de trabalho foram levados em consideração e refletiram num melhor desempenho produtivo ao longo dos experimentos.

Incontestavelmente a multiplicidade e a evolução das teorias administrativas promove uma diversificação de propostas adaptáveis às transformações do ambiente, entregando, dessa forma, ao gestor, a tarefa de analisar e aplicar a teoria que mais se adequa as necessidades da organização e de seus colaboradores. Em meio a este processo de evolução das teorias de administração e sua aplicação nos mais variados níveis organizacionais, uma busca constante por metodologias acerca da gestão torna-se rotineira. É crescente o interesse de executivos e empresários por teorias que satisfaçam a todos, visando adoção das ideias e propostas defendidas pelos colaboradores, de forma que se sintam responsáveis e integrados à missão, visão e metas organizacionais. As teorias contemporâneas com tal embasamento representam o desenvolvimento de um pensamento estratégico pelos gestores. A administração interativa caracteriza-se por propor em seu modelo um estudo além da análise de dados, fazendo com que a organização seja capaz de buscar seus objetivos levando em consideração a influência e colaboração dos fatores internos e externos.

As teorias que têm como base a participação de todos os colaboradores representam uma evolução, uma vez que propõe a participação dos colaboradores nas decisões da organização anteriormente processo esse extremamente centralizado nos níveis elevados da hierarquia organizacional. Sua atuação remonta ao surgimento da democracia na Antiguidade Grega. Contudo, passou a fazer parte das teorias modernas de gestão após a Segunda Guerra Mundial. O sistema participativo tem como objetivos principais assegurar a harmonia social através da organização, ou seja, através da gestão interativa se busca a melhoria da satisfação e motivação dos colaboradores através da valorização de suas capacidades decisórias e possibilita que a organização alcance melhor produtividade e competitividade no mercado.

Uma eficaz classificação das teorias contemporâneas que se opõem a centralização poderia ser classificá-las como um modelo de gestão fortemente embasado na participação direta dos colaboradores. Especialmente participação na produtividade e eficiência, esse processo assim como as demais teorias requer que inicialmente deve-se planejar, posterior realizar, em terceiro lugar examinar e por último continuar ou corrigir. As ações dos gestores devem, em virtude das teorias contemporâneas adotadas, apresentar novas competências como: liderança partilhada; delegar poderes; estabelecer de relações de colaboração; construir equipes de aprendizagem e treinamento contínuo. As atividades dos gestores são variadas e devem ser pautadas em disseminar, monitorar, criar e desenvolver um sistema harmônico entre organização e colaboradores, o mesmo atua como porta-voz da organização e suas competências conceituais e humanas são as mais solicitadas. O gestor da teoria contemporânea interativa preocupa-se em manter o bom relacionamento com as pessoas, deve ser um líder e representante da cultura organizacional atuante, exercendo suas competências humanas ininterruptamente, pois se faz necessário planejar, organizar, liderar e controlar influenciando as pessoas para que os objetivos planeados sejam alcançados. Com metas e responsabilidades definidas, liderar de forma compartilhada é a competência essencial para que os objetivos sejam alcançados.

A gestão interativa é um sistema com procedimentos administrativos puramente democráticos, onde todos os integrantes internos de uma organização têm o direito de opinar sobre todo e qualquer assunto de interesse dos colaboradores dentro da organização. Para potencializar os impactos de tal estilo administrativo na produtividade, se faz necessário a adoção de medidas como: salário e benefícios adequados; respeito pelos colaboradores; produto que seja capaz de gerar orgulho; ambiente de trabalho agradável; sensação para opinar livremente; espaço para opinar; eficaz sistema de comunicação; redução da distância entre a cúpula e a base; preocupação com treinamento e aperfeiçoamento; seriedade incontestável da organização; fóruns participativos; sistema de ouvidoria interna; valorização e recompensas; segurança no emprego e profissionalismo.

2.5 Gestão interativa: processo de implantação nas organizações

O processo de implantação da gestão interativa na organização é planejado e executado após a definição metas, objetivos ou resultados que se deseja alcançar. Esses resultados dizem respeito ao ramo, ao produto ou ao serviço que a organização se propõe oferecer ao mercado. Dentre as metas comuns destaco a melhoria da qualidade do produto ou serviço, crescimento da produtividade e o aumento das vendas e recebimentos.

A implantação de um novo modelo de gestão condiciona a adoção de uma metodologia específica e clara. Lerner[22] propõe uma metodologia de implantação de um programa participativo de organização e excelência organizacional que tem como objetivo implantar na organização um trabalho participativo, abrangente todos os departamentos centrais e unidades, para obter uma permanente, integrada e evolutiva eficácia de desempenho para força de trabalho. O funcionamento desse programa,

---

[a] Lerner, 1991.

em linhas será coordenado por um conselho que fará propostas de trabalho bem detalhadas para a diretoria e esta, após analise das propostas comunicará as decisões ao conselho que formalizará e implantará o plano nos conselhos locais. As ideias apresentadas justificam-se na organização pela necessidade de mudança, seja por forças externas ou internas. Segundo Freitas[23], em relação ao futuro acredita-se que a administração participativa é o instrumento mais indicado para as mudanças que necessitamos infundir no sistema vivo e dinâmico da sociedade humana, tendo em vista sua melhoria relacional.

A gestão interativa proporciona um ambiente onde as equipes se portam de forma ampliada e humana que trabalhará num sistema cooperativo, participativo, responsável e justo para todos os envolvidos, direta ou indiretamente, no processo de produção, não importando categoria profissional ou status social, porque os frutos do trabalho serão compartilhados e que os administradores devem levar em consideração a satisfação das necessidades dos trabalhadores, com o objetivo de motivar os indivíduos e os grupos de trabalho produtivo, trazendo resultados que atenderão aos interesses da organização e dos colaboradores.

A administração interativa não tem uma origem histórica definida, seu arcabouço conceitual é disperso no tempo e no espaço, e são raras as organizações que colocam em prática a filosofia interativa de gestão, daí a dificuldade de identificar e analisar tais práticas.

Na realidade, ao se denominar administração interativa uma das linhas de pensamento que constituem os novos modelos de gestão, a intenção não era colocá-lo ao mesmo nível dos demais. A participação é muito mais um estilo de gestão do que um conjunto de práticas e mecanismos de gestão. Neste sentido, a sua análise se voltou mais para as formas como se operacionaliza o

---

[23] Freitas, 1991.

estilo participativo de gestão.[24] Ao que se refere à gestão interativa ser um estilo de gestão, na prática evidencia-se pelo fato
de sua execução estar relacionada diretamente a forma como os
gestores vêm as pessoas dentro do processo produtivo.

A administração Interativa incentiva à participação de todos
no processo de administrar recursos gerenciais, capital, informação e recursos humanos, obtendo, através dessa participação
o total comprometimento com os resultados, medidos como eficiência, eficácia e qualidade. Para Maranaldo[25], o princípio participativo evidencia a relevância do clima organizacional enquanto
fator a ser considerado na implantação ou não da gestão interativa na organização, devido seus impactos sobre a gestão em
estudo, pois as organizações necessitam de um ambiente de trabalho que possibilite aos colaborardes qualidade de vida e oportunidade de interagir com as pessoas e o meio organizacional no
qual estão inseridas.

As organizações não identificam com facilidade sua forma
de gestão, em virtude principalmente de alguns desses estilos de
administrar ser inerente à forma como os gestores vêem as pessoas
enquanto colaboradores, o que pode variar de pessoa para pessoa,
porém as características do estilo de gestão predominantes estão
presentes, e são elas que darão fundamento à implantação quando
necessário de um novo estilo de gestão, esta mudança deverá passar
por um processo. Segundo Santos et al.[26], antes de implantar um
processo participativo em uma organização, é necessário harmo-
nizar três aspectos, pois os sistemas que compõem a organização
localizam meio a inúmeras variáveis como a produção, a comer-

---

[4] SANTOS, A. R.; PACHECO, F. F.; PEREIRA, H. J.; BASTOS JR., P. A. Gestão do conhecimento como modelo empresarial. *In*: SANTOS, A. R.; PACHECO, F. F.; PEREIRA, H. J.; BASTOS JR., P. A. **Gestão do conhecimento**: uma experiência para o sucesso empresarial. Curitiba: Champagnat, 2001.

[5] MARANALDO, D. **Estratégia para a competitividade:** administração para o sucesso. São Paulo: Produtivismo Artes Gráficas, 1989. 352 p.

[6] Santos *et al.*, 2011.

GESTÃO INTERATIVA NO ÂMBITO DA SAÚDE

cialização, os recursos humanos, a administração e as finanças, se há conflitos de estilos diferentes de gestão entre estes sistemas, é difícil implantar a gestão interativa em uma organização, leva-se ainda em consideração as condições organizacionais das pessoas enquanto equipe e gestores, onde é preciso flexibilizar a estrutura organizacional, com menor número de níveis hierárquicos e normas mais adaptáveis, tendo em vista as condições oferecidas aos colaboradores, e por fim o comportamento dos gerentes, certamente é o mais importante dos três, pois os gerentes serão os principais mobilizadores das pessoas para o processo participativo, onde faz-se necessário a participação de todos.

A estratégia de implantação do processo participativo extrai-se de um vasto campo, este composto por inúmeras variáveis que dificultam a atuação da gestão interativa. Primeiramente pelo confronto de ideais divergentes dos gestores e formas de julgar a capacidade dos colaboradores. Uma vez que a organização é composta por setores gerenciados por perfis diferentes entre si, sendo um estilo geralmente opcional, torna-se comum encontrar dentro de uma mesma organização vários estilos de gestão. A hierarquia é outro fator que impossibilita em muitos casos uma atuação mais evidente de características da gestão interativa, por motivos claros, a submissão geralmente tende a oprimir, dependendo da organização essa estrutura de "poder", tem maior ou menor influência sobre a gestão, desta forma esta obra evidencia os impactos dos tipos de lideranças no processo de implantação da gestão democrática.

Os gestores esperam maior retorno produtivo das pessoas se comparado ao que de fato elas apresentam, muitos não dispõem de técnicas para extrair dos colaboradores maiores potenciais ou comprometimento com a produtividade. Partindo desse princípio chega-se a ideia de que acreditar nas pessoas e colocar isso em evidencia, gerando certa integração entre a atividade desempenhada e os resultados a curto, médio e longo prazo da organização. Os colaboradores necessitam se sentirem valorizados, o que comprovadamente gera reflexo na produtividade. Em virtude disso, o posicionamento dos gestores perante os colaboradores será fundamental, pois o espírito participativo precisa ser induzido, e são eles os principais agentes dentro da organização capaz de promover essa mudança. Ainda segundo Santos et al.[27], para implantar a gestão interativa, alguns critérios devem ser levados em consideração, deve-se ter consciência prévia de que haverá perda parcial do poder nos níveis superiores. Assim, os dirigentes delegam para os gerentes algumas atividades e decisões que antes se concentravam neles e dos gerentes para a equipe, de forma que há uma diluição do poder na organização, envolvendo mais intensamente os colaboradores, o que viabiliza a redução de níveis hierárquicos e possibilita a maior horizontalizacão da organização. Outra realidade a ser considerada no processo de implantação de mudança de um estilo de gestão para o participativo é que antes de implantar a gestão interativa, os dirigentes, gerentes e colaboradores devem estar conscientes de que o processo é irreversível, ou seja, não tem retorno, caso contrário, poderá provocar grandes frustrações aos colaboradores, que desacreditarão por muito tempo em qualquer esforço participativo.

A delegação efetiva da autoridade à equipe para tomar decisões, bem como a responsabilidade formal permanece com quem delegou, devem-se negociar as decisões a serem delegadas por área de competência, ou seja, a equipe ou as pessoas que receberam delegação de autoridade devem agir dentro de uma área limitada de competência, para evitar invasão sobre outras áreas, havendo uma predisposição para autonomizar gradualmente os grupos.

A gestão interativa não se implanta com a delegação ime-

---

[27] Santos et al., 2001.

diata de 100% de uma decisão, sempre é possível graduar, de maneira que não seja um processo traumático, a final seu objetivo é justamente o contrário, e que essa nova metodologia alcance os objetivos esperados. Observo que durante processo de implantação da gestão interativa há necessidade descentralização das responsabilidades, é um processo lento, onde o colaborador de forma gradativa cresce dentro da organização no âmbito participativo, o desenvolvimento de pessoas não é algo repentino, em virtude disso, surge a necessidade de o processo de tomada de decisões em termos de grau de relevância no contexto organizacional ir aumentando de acordo com o retorno apresentado pelo colaborador. A implantação de uma mudança requer envolvimento de todos os que serão atingidos de forma direta ou indireta pela mesma, em virtude disso, qualquer mudança implantada uma que vez que apresenta um novo cenário, que requer tempo para a adaptação, nos permite concluir que uma vez constatados seus benefícios à organização e as pessoas, deverá permanecer. Esta obra trata do estilo de gestão que envolve democracia e participação, sendo assim, uma vez que este modelo substitui outro pré-existente, sua permanência faz-se necessária, evitando gerar transtornos prejudiciais à produtividade da organização.

2.6 Gestão interativa: vantagens e desvantagens

A existência da gestão interativa é inerente a algumas características que dizem respeito à disposição dos níveis hierárquicos na organização, como o grau de confiança que os gestores exercem sobre os colaboradores e o processo de tomada de decisões, em virtude disso tem como elemento preponderante a descentralização. Para Chiavenato[28], a descentralização permite

---

[28] CHIAVENATO, Idalberto. **Administração nos novos tempos**. 6. ed. Rio de Janeiro: Campus, 2000. 707 p.

que as decisões sejam tomadas pelas unidades situadas nos níveis mais baixos da organização, proporcionando considerável aumento da eficiência. Entendo como sendo base a ideia de que a partir da realidade onde o colaborador independentemente do nível ao qual pertence, opina, sugere e contribui para a organização com suas ideias, não somente as atividades ligadas diretamente a suas atribuições, porém de forma coordenada, poder contribuir também com o planejamento da organização.

Os objetivos de uma organização dependem do sucesso do conjunto de estratégias e tarefas elaboradas de forma individual e coletiva, mediante esta realidade a descentralização surge como forma de propor aos modelos de gestão uma metodologia que envolve gestores e colaboradores, para um melhor trabalho em equipe, onde os elementos que compõem os recursos humanos atuam caminhando lado a lado. São grandes as vantagens que a implantação da gestão interativa pode proporcionar para a organização. Primeiramente podemos citar o fator motivacional, que inclusive é tema abordado nesta obra, resultando para a organização em aumento da eficiência, a delegação de responsabilidades evita que fujam de suas atribuições, bem como aperfeiçoa o uso do tempo e aptidão dos colaboradores.

Sabe-se que o operador de uma máquina sem sombra de dúvidas conhece a ferramenta em que trabalha, partindo desse princípio, o mesmo pode contribuir de forma significativa com ideias e sugestões quanto a realização de uma determinada atividade, uma vez que os gerentes se encontram próximos e permitem abertura para o colaborador intervir. Outra vantagem da gestão democrática diz respeito à agilidade no processo de tomada de decisões, uma vez reduzido os gastos com coordenação, ocasionando autonomia para a tomada de decisões, a redução do tempo de espera para a execução de determinada ação é explicita, porém para que isso ocorra de forma eficaz e eficiente é necessário que a organização tenha suas políticas e objetivos bem definidos.

Para que as vantagens justifiquem a implantação e permanência do modelo de gestão interativa na organização é necessário uma organização hierárquica dentro da própria descentralização, ou seja, os colaboradores de maior nível podem concentrar-se nas decisões de maior relevância. Essa medida evita que a autonomia seja confundida com a insubordinação, o que pode ser negativo para a organização caso ocorra. A proximidade entre os gerentes e as equipes de trabalho é muito benéfica para a organização, onde as consultas são constantes sobre a melhor forma de executar determinada tarefa, através de reuniões as equipes podem usufruir de algumas técnicas para tomar a decisão mais adequada à situação. Sobre tudo a gestão democrática proporciona a valorização do relacionamento, é ferramenta bastante importante no processo de motivação, uma vez que ela deixa clara a relevância das pessoas para a organização.

O alcance de um modelo participativo eficaz sustenta-se sobre o envolvimento dos líderes com os liderados, uma relação de comprometimento mutuo, aperfeiçoamento de técnicas e planejamentos, mediantes reuniões interativas e uma relação saudável e comunicativa. Em contrapartida a descentralização pode apresentar desvantagens e limitações, Chiavenato[29], em estudo sobre essas reações adversas apresenta dentre elas a falta de uniformidade nas decisões, justifica-se primeiramente pela possibilidade de redução da diversificação de ideias que auxiliam a tomada de decisões, pois a padronização e uniformidade se caracterizam geralmente dessa forma. Existe ainda a possibilidade de haver insuficiente aproveitamento dos especialistas, essa outra desvantagem diz respeito ao possível abandono de consultas à assessoria, uma vez que as pessoas inseridas na descentralização e munidas

---

[29] Chiavenato, 2000.

de autonomia tendem a pensar que não necessitam desse serviço.

Como solução a essa problemática pode-se adotar a desconcentração dos especialistas e seu contato partir por iniciativa dos gerentes e não simplesmente da necessidade eminente, pois seria pouco inteligente não usufruir do conhecimento dos especialistas que são estudiosos dos assuntos aos quais se propõem solucionar. É possível ainda que haja variação das políticas e procedimentos nos diversos departamentos, porém, frente a essas possibilidades quanto a essa possível desvantagem, é fato que variação das políticas e procedimentos, geralmente acompanha a descentralização, a autonomia gera essa sensação de liberdade extrema. No entanto é de responsabilidade da gerência, através de uma boa comunicação delimitar e executar as políticas da organização. A cultura da organização não necessariamente precisa ir de encontro com o novo modelo de gestão adotado, pois o para o bem da organização a integração de ambos é o esperado.

As desvantagens apresentadas podem ser pontos negativos à adesão deste modelo, porém uma vez coordenado de forma eficaz o processo de implantação, bem como os benefícios apresentados por este estilo de gerir, contribuem para uma organização integrada e cooperativa.

2.7 Impactos da gestão interativa na produtividade

Os desafios do mundo globalizado, a concorrência, as mudanças, a busca por produtividade e por qualidade de vida das pessoas enquanto clientes e colaboradores têm exigido das organizações maior agilidade e adaptação das mesmas, uma vez que o ambiente de negócios é influenciado pelo meio interno e externo. Ambientes esses compostos por fatores em constante modificação. Partindo dessa premissa, as organizações vêm buscando melhor forma de atuação e melhor adaptação a sua função social e administrativa para atingir seus objetivos, alcançando a produtividade. A produtividade pode ser definida como a relação entre a produção obtida e os recursos utilizados para obtê-la. Este estudo analisa a produtividade quanto à relevância sobre a mesma de um de seus componentes, a mão de obra, em melhor definição, recursos humanos ou capital intelectual.

A produtividade é mutável, e a variação da produtividade está ligada a fatores como a motivação, o desempenho de equipes, o nível de experiência, o relacionamento entre os colaboradores, a qualidade do trabalho dos colaboradores, a qualidade da informação e o tipo de gestão. Para Mota[30] em teoria, ao buscar ativamente sua autorrealização no trabalho, os indivíduos se envolvem mais com a organização e canalizam sua energia vital produtiva para a consecução dos objetivos organizacionais.

Esta realidade faz com que as organizações sigam tendências. Segundo Chiavenato[31], algumas das tendências organizacionais se caracterizam pelo enxugamento dos níveis hierárquicos, pela flexibilidade de gerir, pela horizontalizacão e pela participação. O processo de participação trata-se da transferência de responsabilidades e decisões às pessoas. Os gerentes delegam responsabilidade, como medida a extrair das pessoas mais comprometimento e possibilidade a intervenção, objetivando maior número de ideias com a finalidade de minimizar a possibilidade de erros, o envolvimento dos colaboradores fortalece os mesmo em todos os níveis, onde eles possam tomar decisões que afetam seu trabalho, isso gera motivação e desenvolvimento de pessoas.

As mudanças que impulsionam as organizações a reverem suas metodologias tornam o processo irreversível, em se tratando de mudança de gestão para interativa, processo esse com

---

[30] MOTA, J. **Contributos para uma discussão do conceito.** Educação, Formação & Tecnologias, v. 2, n. 2, p. 5-21, 2009.

[31] Chiavenato, 2000.

resultados benéficos a todos, uma vez que ocorre a transição entre o modelo autocrático, fechado e centralizador oriundo do taylorismo e do fordismo para um modelo de gestão composto por uma estrutura organizacional interativa, descentralizada, colaborativa, integradora, flexível, que tem como preocupações reter e desenvolver os colaboradores. É notável a satisfação de todos os elementos envolvidos no ambiente interno e externo da organização, satisfação essa com impactos diretos nos índices de produtividade.

A gestão interativa poder ser compreendida como uma visão holística que está crescendo e ganhando força no meio organizacional, representa novos paradigmas e está conquistando espaços e adeptos. Esse estilo de gestão defende que as organizações são um sistema dinâmico e orgânico, que a cooperação impulsiona, e que todos os colaboradores devem conhecer as estratégias e metas da organização da qual fazem parte. O objetivo principal de gestores engajados na integração entre interesses da organização e interesses dos colaboradores é buscar modelos de gestão mais flexíveis, orientados à missão, à visão e aos valores e metas da organização, abertos a mudanças e adaptados às demandas provocadas pela globalização e pelos anseios de seus colaboradores para que esta mantenha uma vantagem competitiva no mercado e a sociedade ao mesmo tempo em que, instaure uma cultura e um clima organizacional que atraiam e motivem a equipe de trabalho.

A instabilidade econômica cria um ambiente organizacional que requer uma postura dinâmica e maleável das organizações. Tal realidade inquieta o corpo diretivo para o estudo de outras vertentes anteriormente desconsideras, precursores da gestão interativa já argumentavam sobre a relevância das pessoas comprometidas no que diz respeito ao alcance das metas da organização. Pessoas comprometidas, focadas em resultados, capacitadas, colaborativas, motivadas, resistentes à pressão e com habilidades de relacionamento são os alicerces e a engrenagem que conferem à organização uma vantagem competitiva nesse cenário.

O talento dos colaboradores pode e deve ser considerado como um diferencial competitivo para as organizações, gestores e profissionais de recursos humanos devem rever seus conceitos, galgar novos espaços e integrar os colaboradores na elaboração do planejamento estratégico, pois lidar com pessoas não se trata de um problema, ao contrario disso representa a solução. Os desafios do século XXI apontam para transformações cada vez mais rápidas e significativas no ambiente, nas organizações e nas pessoas. O mundo contemporâneo se caracteriza por tendências que envolvem globalização, tecnologia, informação, conhecimento, serviços, ênfase no cliente, qualidade, produtividade e competitividade.

Assim, as organizações têm ainda como missão preparar as pessoas para o presente e para o futuro, desenvolvendo suas diversas competências para estarem aptas a encarar os desafios que surgirão impulsionadas por fortes tendências que influenciam seu estilo de administrar as pessoas. A participação mobiliza a inteligência dos colaboradores da organização e valoriza o potencial das pessoas, permitindo-os expressarem suas ideias e emoções, desenvolverem relações pessoais e profissionais mais autênticas e tornarem-se profissionais mais autônomos e competentes.

A produtividade é afetada pelo aperfeiçoamento do trabalho em equipe, característica essa do modelo de gestão em estudo, pois uma vez que os antigos departamentos, anteriormente fechados, centralizados, cedem espaço para a cooperação coletiva, surge um novo cenário com resultados positivos, aparentemente pode ser visto como uma "desorganização", porém esta forma de trabalho significa uma orientação rumo à flexibilidade, à inovação e agilidade.

CAPÍTULO 3

GESTÃO DE PESSOAS

A origem da Gestão de Pessoas ou Administração de Recursos Humanos, conforme os teóricos e historiadores apontam, é resultado do desenvolvimento organizacional e da evolução da Teoria Organizacional.

Gestão de Ppessoas é um processo que tem por principal objetivo organizar as praticas definidas de uma organização, visando a melhoria na produtividade das pessoas, tal processo é inerente ao comportamento humano e as relações interpessoais no ambiente de trabalho. O papel fundamental da administração de recursos humanos dentro das organizações é promover o desenvolvimento e a satisfação das pessoas. Recomenda-se desmistificar os recursos humanos, conhecendo sua abrangência e relevância para o sucesso ou fracasso de qualquer tipo de organização, faz-se necessário reconhecer que as atividades e competências do setor Recursos Humanos (RH) vai além de recrutar e selecionar pessoas, uma vez que esse desenvolve inúmeras outras atividades, dentre elas, proporcionar condições e mecanismos necessários para que os colaboradores possam desenvolver suas atividades laborais da melhor forma possível, ou seja, satisfatória e produtiva. Para que isso ocorra, a relação entre organização e colaboradores precisa ser conduzida de forma harmoniosa e fundamentada na motivação, valorização e engajamento dos objetivos ao alcance de metas. Para que ocorra uma relação beneficamente recíproca entre organização e colaboradores, é de suma importância que ambos reconheçam a relevância da contribuição profissional mútua ali presente.

A organização tem como missão, em se tratando de gestão de pessoas, proporcionar condições para que as pessoas possam se sentir valorizadas e inseridas nas metas organizacionais, a liberdade e participação são fatores valorizados pelos colaboradores no ambiente de trabalho.

A gestão de pessoas tem grande importância para qualquer organização. Trata-se não somente de mais um departamento da organização. É de responsabilidade da equipe de gestão de pessoas humanizarem o trabalho, atentar para as formas de tratamento ao colaborador, desenvolver pessoas, promover treinamento. Segundo Chiavenato[32], a gestão de pessoas é contingencial e situacional, pois depende de vários aspectos como a estrutura organizacional adotada, a cultura que existe em cada organização, as características do contexto ambiental, o negócio da organização, os processos internos e outras variáveis importantes. O entendimento da gestão de pessoas na organização pelos gestores refere-se à forma de tratar os colaboradores como parceiros da organização, assim como trata os fornecedores, os acionistas, os clientes entre outros.

Os colaboradores têm um papel fundamental para organização, pois eles compõem o capital intelectual da mesma, que contribuem com seus conhecimentos, capacidades e habilidades, proporcionando decisões e ações que dinamizam a organização. A contribuição dos recursos humanos ao crescimento da organização dá-se não somente na efetiva execução de suas atividades, uma das propostas deste livro é apresentar um diagnóstico quanto à relevância dos colaboradores nas metas da organização de uma forma mais cooperativa e integrativa. Objetivos esses alcançados pela boa gestão de pessoas integrada ao modelo de gestão interativa.

---

[32] CHIAVENATO, Idalberto. **Administração de recursos humanos**. 4. ed. São Paulo: Atlas, 1999. 194 p

Ainda Segundo Chiavenato[33], as definições para a Gestão de Pessoas podem ser vistas como um conjunto de políticas e práticas necessárias para conduzir os aspectos da posição gerencial relacionados com as pessoas ou recursos humanos. Entendo que estas políticas estão ligadas ao regulamento interno, bem como ao estilo de gestão adotado pela organização. As próprias políticas internas, que formam a cultura organizacional e influenciam o clima na organização podem conter características que incentivem os gestores a estabelecer um bom relacionamento com os colaboradores, a ouvi-los, a levar em consideração suas ideias, sugestões e perspectivas de melhorias para a organização.

A gestão de pessoas eficaz exerce a função de agente de transformação dentro das organizações, a mesma deve gerar comprometimento por parte dos colaboradores, a concorrência fez com que os modelos tradicionais abrissem espaço para modelos modernos, a necessidade de valorizar as pessoas, resulta em agregar valor aos produtos e serviços.

As organizações contemporâneas compreendem que as pessoas têm objetivos e metas pessoais, e para essas pessoas as organizações representam o meio pelo qual poderão alcançá-las. Desta forma vêm a oportunidade de atingir seus objetivos organizacionais através de uma troca comprometida e impulsionada do trabalho coletivo. Inúmeros aspectos estão atrelados à gestão de pessoas, como a cultua predominante na organização, a estrutura organizacional adotada, as características do contexto ambiental, o negócio da organização, a tecnologia utilizada, os processos internos e uma infinidade de outras variáveis importantes, discutidas nesta obra, pois depende da atuação e forma de proceder da organização como um todo, não se limitando a um setor específico.

As organizações têm dependência vital das pessoas, ações como definir preços e tomar decisões necessitam de análises

---

Chiavenato, 1999.

minuciosas situacionais, bem como todas que cooperam e permanecem na organização, pois independente das tarefas que executam ou posição na hierarquia, todas são consideradas recursos humanos e formam a "mola propulsora" da organização.

3.1 Motivação

A motivação é um conceito utilizado com frequência para explicar as variações de determinados comportamentos, e sem dúvida, é de grande importância para as organizações se manterem competitivas no mercado, pois colaboradores motivados certamente produzem mais e com maior qualidade. Os gestores organizacionais anseiam por ter colaboradores motivados com o seu trabalho, com sua equipe e, acima de tudo, com a organização a que pertencem. A premissa é a de que altos níveis de motivação são capazes de melhorar o desempenho e garantir ganhos de produtividade, maximizando os resultados e minimizando esforços e recursos.

A teoria mais conhecida sobre motivação é a de Maslow[34], em que se baseia nas necessidades do homem. Para ele tais necessidades estão arranjadas em uma pirâmide de importância e da influência do homem. Dentre as necessidades estudadas, temos as psicológicas, na percepção de Chiavenato[35], podem ser definidas como as necessidades secundárias. Uma dessas necessidades é a de participação, uma vez que o homem é um ser social, vive em grupo, ele tem a necessidade de estar participando de alguma coisa ou empreendimento, interagindo a todo o momento com o meio e com outras pessoas. Essa necessidade de participação foi analisada com o objetivo de explicar o desempenho e o comporta-

---

[34] MASLOW. A. H. A. **Motivação e personalidade**. Nova Iorque: har-por, De 1954.
[35] CHIAVENATO, Idalberto. **Introdução à Teoria Geral da Administração**. 7. ed. rev. e atual. Rio de Janeiro: Elsevier, 2003. 634 p.

mento em grupo. Estão relacionadas a essa necessidade, a necessidade de reconhecimento do grupo a que pertence de aprovação social, de calor humano, de dar e receber amizade entre outras. Dependendo da maneira de relacionamento essa necessidade pode ser satisfeita ou não. Para Bergamini[36], quando se fala em motivação humana, parece inapropriado que uma simples regra geral seja considerada como recurso suficiente do qual se lança mão quando o objetivo é a busca de uma explicação. Existem muitas razões que explicam uma simples ação.

Sendo assim, a motivação é um estado inerente a fatos ocorridos no contexto ao qual o colaborador está inserido, cabendo aos gestores diagnosticarem e, de forma construtiva, extrair o potencial de seus colaboradores em virtude da necessidade da organização e mediantes ao bem estar do colaborador, uma vez que a organização tenha oferecido condições necessárias para que a problema que gerou a desmotivação deixe de atuar. A motivação é algo que pode ser caracterizado pela força interna que pode levar alguém a determinada forma de comportamento, constitui um recurso essencial de grande valor para as pessoas que atingirem os objetivos propostos pelos seus interesses. Acredito que a participação é uma peça necessária para gerar motivação. Por outro lado a repressão organizacional é algo prejudicial para a organização, pois faz com que os colaboradores fiquem submissos, alienados e amedrontados, fator esse que vai de encontro aos que proporcionam motivação.

Revela-se como significativa a necessidade de que os dirigentes organizacionais entendam a importância da motivação para o alcance das metas da organização, através da otimização de custos, do aumento da produtividade e da competitividade, a descoberta dos fatores que ocasionam a desmotivação ocorrerá através da utilização de técnicas pela gestão de recursos humanos,

---

BERGAMINI, Cecília Whitaker. **Motivação nas Organizações**. 4. ed. São Paulo: Atlas, 2006.

a partir da descoberta das necessidades dos colaboradores e da análise e tomada de decisões no que diz respeito aos fatores desmotivadores presentes na organização.

A descoberta das causas da baixa motivação para o trabalho vividas pelos colaboradores fundamentará a implantação de programas de motivação para melhorar o estado geral de satisfação dos colaborares e o seu nível de desempenho. Objetivando evitar custos desnecessários e inúteis, bem como ações traumatizantes e frustradas, vale ressaltar que o diagnóstico deve ser o mais preciso possível.

É valido frisar que a direção necessita obter conhecimento quanto à temática motivação, para que uma vez diagnosticado que parte das causas diz respeito à própria forma de gerir, o processo não seja abortado. Normalmente, o sistema administrativo, ou sendo mais especifico, o comportamento dos gerentes e da direção de forma geral, são os causadores no elevado nível insatisfatório de motivação e de desempenho dos colaboradores, o que necessitaria de um treinamento especializado objetivando maximizar a compreensão quanto a relevância da natureza humana no que diz respeito às relações interpessoais, o que faria com que os mesmos melhorassem o relacionamento com os colaboradores a eles subordinados.

Uma das metodologias que podem ser implantadas para a descoberta das causas do elevado nível de desmotivação, trata-se de uma pesquisa especifica, a qual seja realizada por um profissional qualificado, de preferência que não faça parte do quadro de colaboradores, tal pesquisa teria como objetivo principal obter dos colaboradores os motivos que os levam a insatisfação, pela demonstração da falta de vontade e emprenho as atividades, pelo não engajamento com os objetivos da organização.

O supracitado método poderá resultar em um diagnóstico motivacional, capaz de fornecer informações seguras da rea situação, bem como as medidas a serem tomadas visando à resolução de tal problema. Por ser um elemento abstrato no ambiente organizacional, normalmente a motivação dos colaboradores é colocada em segundo plano. Dessa forma faz-se de suma importância que a direção da organização tenha conhecimento sobre motivação e as formas de proceder para elevar tais níveis, estes deverão reconhecer que é um fator fundamental para o sucesso da organização. Os esforços como, aumento da competitividade, investimento em tecnologia, conquista de mercados e clientes e aumento da lucratividade podem vir a ser frustrados por um tratamento inadequado no que diz respeito à motivação dos recursos humanos.

3.2 Cultura organizacional

A gestão interativa uma vez implantada deve estar integrada à cultura da organização. Segundo Chiavenato[37], é o conjunto de hábitos e crenças, estabelecidos através de normas, valores, atitudes e expectativas compartilhadas por todos os membros da organização. No âmbito organizacional os colaboradores recém-contratados conhecem a cultura naturalmente, no seu dia a dia, embora não deva essa fase ser traumática, uma vez que se entende que já possuem alguma característica compatível com a cultura, pois passaram no filtro do processo de seleção e pela integração. Para Luz[38] a cultura organizacional influencia o comportamento de todos os indivíduos e grupos dentro da organização. Ela impacta o cotidiano da organização, influenciando em suas decisões, as atribuições de seus colaboradores, as formas de recompensas e punições, as formas de relacionamento com

---

CHIAVENATO, Idalberto. **Comportamento Organizacional**: a dinâmica do sucesso das organizações. 2. ed. Rio de Janeiro: Elsevier, 2010a.

LUZ, Ricardo. **Gestão do Clima Organizacional.** Rio de Janeiro: Qualitymark, 2006.

seus parceiros comerciais, seu mobiliário, o estilo de liderança adotado, o processo de comunicação, a forma como seus funcionários se vestem e se portam no ambiente de trabalho, seu padrão arquitetônico, sua propaganda e assim por diante.

Os colaboradores conhecedores da cultura têm a missão de transferi-la aos novos membros, e os gestores e líderes têm a função primordial de manter ou buscar criar uma cultura adequada, visualizando a cultura organizacional como fator para o bom desempenho econômico da organização. Seja qual for o papel de cada pessoa na organização é certo que a cultura ali presente será influenciadora no comportamento e na produtividade dos colaboradores, logo, ter esta consciência e conhecer a cultura organizacional, num todo, possibilitará avanços para as pessoas e para a organização.

A integração da cultura organizacional ao estilo de gestão adotado pela organização normalmente é perceptível de acordo com o desenvolvimento das atividades dos colaboradores e o conhecimento das atribuições, limitações e anseios impostos pela organização. Em virtude disso, a cultura da organização pode inibir ou incentivar que os colaboradores ajam de forma cooperativa para o bem coletivo. A cultura organizacional representa um sistema de valores compartilhados, as estruturas da organização, o sistema de controle da organização para produzir normas de comportamento e crenças que interagem com as pessoas. As organizações têm culturas diferentes, o que discriminadamente trata-se dos objetivos, valores, estilos de administração e normas para executar suas atividades. A cultura de uma organização forma-se por componentes subjetivos, inconscientes, embora haja diversos elementos de ordem objetiva e de fácil identificação.

As organizações enfrentam inúmeros desafios, dentre os quais sobreviver frente ao mercado e tornar-se ou permanecer competitiva. Ocorre que para que esses desafios sejam alcançados a cultura organizacional necessita de uma injeção de modernidade, ainda que possua princípios desde sua fundação, fortes e enraizados.

A gestão da cultura organizacional é algo extremamente complicado, pois envolve problemas de pontos de vista, possível diversificação de culturas em uma mesma organização, as estruturas, formas de recrutamento e seleção de pessoas, diversificação de pensamentos e atitudes tomadas, a história da organização, distribuição do poder. Ocorre que a cultura de uma organização não deve ser analisada isoladamente e sim interconectada com a política, os sistemas, as prioridades e a estrutura da organização.

A cultura organizacional necessita do setor de recursos humanos, o mesmo tem como uma de suas funções, implantar normas e medidas que criem e caracterize a identidade da organização, o setor competente deve criar estratégias que promovam a aceitação, consolidação, manutenção e mudança da cultura organizacional. As mudanças no sistema de gestão da cultura deverão ser informadas através do setor de recursos humanos a todos os colaboradores, o mesmo atua como um canal, quando tais mudanças fazem-se necessárias para atender às transformações organizacionais que estão se sucedendo no mundo contemporâneo. Dessa forma, é imprescindível que as organizações tomem ciência da importância que a cultura tem sobre as pessoas envolvidas em suas atividades, procurando, da melhor maneira possível, desenvolver uma cultura capaz de promover o alcance dos objetivos e metas estabelecidos pelos gestores e motivar os colaboradores envolvidos.

Uma problemática a ser trabalhada pelos gestores dentro da organização no que se refere à cultura organizacional trata-se dos vícios que os colaboradores trazem de organizações que já trabalharam anteriormente, por exemplo, uma organização que atua com um modelo de gestão participativo que recebe um colaborador que veio de uma organização com estilo de gestão caracterizado pela unidade de comando, centralização das decisões e robotização das pessoas, terá dificuldade para atribuir responsabilidade para este novo colaborador, porém é necessário que seja feito um trabalho de desenvolvimento de pessoas, pois a cultura da organização tem um grande poder sobre o comportamento das pessoas, tendo a capacidade de extrair um grande portfólio de ideias, contribuições e sugestões para o crescimento da organização através dos colaboradores.

3.3 Clima organizacional

O clima organizacional trata-se da percepção que os colaboradores têm no seu ambiente de trabalho, podendo ser visto de diversas formas, uma vez que as pessoas têm percepções diferentes, o clima no qual os colaboradores estão submetidos influencia na motivação, no desempenho e na satisfação dos mesmos, fatores esses que influenciam diretamente na produtividade. Segundo Chiavenato[39], o clima organizacional é uma atmosfera do ambiente de trabalho que é constituído por pessoas, esse ambiente é relacionado à satisfação das necessidades destes indivíduos. Observo que o clima organizacional não necessariamente refere-se somente a satisfação de necessidades, uma vez que as pessoas, no caso os colaboradores que fazem parte do ambiente que formam o clima, influenciam diretamente para que se tenha um clima saudável ou não.

O clima organizacional é uma medida de como as pessoas se sentem em relação à organização e seus administradores, tendo seu conceito evoluído para o conceito de qualidade de vida no

---

[39] Chiavenato, 2010.

trabalho[40]. Os gestores são responsáveis pela sanidade do clima da organização, pois sua posição de gestor lhes dá o direito de oprimir ou gerar satisfação e agregar valor às pessoas. O modelo em estudo, a gestão interativa, tem como vantagem a participação eficaz dos colaboradores nos objetivos da organização, gerando desta forma um clima propício ao desenvolvimento qualitativo no trabalho e, consequentemente, o aumento da produtividade em suas funções. Em virtude disso entende-se que a participação dos colaboradores na elaboração do planejamento da organização gera motivação e um clima organizacional satisfatório aos colaboradores.

Partindo do princípio que os colaboradores têm buscado por qualidade de vida no trabalho, ainda que essas condições sejam mediante menor remuneração. Entende-se que existindo um agradável clima organizacional o provável é que a satisfação das necessidades dos colaboradores tanto profissionalmente como as necessidades pessoais sejam efetivadas, caso contrário, onde o clima é desagradável, existirá frustrações, insegurança e desconfiança entre os colaboradores. Segundo Luz[41] o grau de satisfação dos colaboradores de uma organização está relacionado à atmosfera psicológica, o clima é afetado por fatores externos, entre eles estão as condições de saúde, habitação, lazer, família dos colaboradores, e a cultura organizacional, que é uma das principais causas. Pode-se afirmar que o clima organizacional é uma consequência da cultura. Para Bennis[42] o clima significa um conjunto de valores ou atitudes que afetam a maneira pela qual as pessoas se relacionam umas com as outras, tais como sinceridade, padrões de autoridade e relações sociais.

O setor de Recursos Humanos contemporaneamente assume a responsabilidade de mensurar suas ações, técnicas,

---

[40] MAXIMIANO, A. C. A. **Teoria Geral da Administração**. 1. ed. São Paulo: Atlas, 2009.

[41] LUZ, 2006, p. 20.

[42] BENNIS, Warren. **A Formação do Líder**. São Paulo: Atlas, 1996.

métodos e procedimentos para a maximização dos resultados das organizações levando em conta a relevância do bom clima organizacional para que os mesmos sejam atingidos. As responsabilidades deste setor vão além do simples gerenciamento do capital humano, suas estratégias e planos de ações devem ter relação direta com as estratégias da organização.

Conforme supracitado o clima organizacional é uma percepção coletiva dos colaboradores com relação à organização, dito isso, cabe às organizações promoverem autoanálises sobre suas praticas, uma vez detectado que o clima organizacional não tem tornado a relação de trabalho positivamente mútua e satisfatória. Ocorre que uma percepção negativa resulta em uma reação, a mesma pode referir-se a uma desaprovação das práticas administrativas da organização, ocorrendo isso, os colaboradores apresentarão comportamento desfavorável ao aumento da produtividade, ocasionado pelo não comprometimento dos mesmos com as metas organizacionais.

A detecção do problema nem sempre é tão obvia, uma vez que em se tratando de gestão, os dirigentes com pouca informação sobre esta temática terão dificuldades no diagnóstico, bem como na escolha da forma de proceder para modificar sua atuação. Uma metodologia que poderá proporcionar a obtenção da real situação da organização em se tratando de clima organizacional trata-se de uma pesquisa. A pesquisa em questão tem como objetivo realizar coleta de dados visando uma análise do ambiente interno, realizando levantamento e mapeamento dos aspectos críticos e deficientes que ocasionam o momento motivacional dos colaboradores da organização. Pode-se ainda obter apuração quanto aos pontos fortes da organização e as aspirações dos colaboradores. A base de informações identifica e compreende os aspectos positivos e negativos da organização que impactam no clima da mesma e orienta a definição de planos de ação para melhoria do clima organizacional e, consequentemente, da produtividade da organização.

A realização de uma pesquisa é uma atitude que por si só eleva os índices de motivação, pois está intrínseco sob essa ação que a organização tem interesse em ouvir os colaboradores, que suas percepções e opiniões são importantes, que sua participação se faz necessária para a melhoria da relação de trabalho. A gestão interativa está presente em ações como esta, mas claro além da realização por si só da pesquisa, as questões precisam ser discutidas, um plano de ação precisa ser montado e executado, envolver todos os colaboradores, objetivando maximizar os pontos fortes relatados na pesquisa, e a busca de metodologias que solucionem os aspectos negativos diagnosticados.

A competitividade entre as organizações, meio ao avanço tecnológico, requer cada vez mais que as mesmas melhorem seus índices, para que isto ocorra depende exclusivamente de seu capital humano, recurso este que é preferível que esteja motivado, orgulhoso, feliz e satisfeito com a organização. Pesquisas apontam que os colaboradores desmotivados executam baixos níveis de sua capacidade de produção. Faz-se necessário que as metas de manter os colaboradores motivados meio a um bom clima sejam inseridas entre as metas organizacionais.

A pesquisa sobre o clima organizacional deve ser abrangente e contemplar diversas vertentes da relação de trabalho, como: horários, distribuição de tarefas, relações interpessoais com demais colaboradores e gestores, a integração com o setor, verificar o grau de cooperação e a percepção dos colaboradores referente ao seu dia a dia na organização. É valido questionar os mesmos com relação ao estilo de gestão adotada, objetivando verificar o grau de satisfação com a direção, gerência, coordenação e supervisão imediata no que tange a relacionamentos, clima e organização.

A organização necessita ainda fazer levantamentos quanto ao grau de satisfação salarial, para análise posterior quanto a distorções salariais internas e comparativas com outras organizações. O clima organizacional pode ainda ser comprometido pela ausência de treinamentos internos, falta de perspectivas de crescimento e promoções, assim cabe a organização obter dados referente a isso, bem como pela deficiente comunicação, canais internos ineficientes geram conflitos, informações distorcidas, e comunicação inexistente cria uma sensação ao colaborador de que o mesmo não é importante para a organização.

A obtenção de dados da pesquisa de clima organizacional necessita levar em consideração a imagem que os colaboradores têm da organização como um todo, no que se refere sua importância para o mercado, para os clientes, para a região e principalmente para os colaboradores diretos e indiretos. É valido obter dados quanto ao tipo de gestão predominantes e o processo decisório, no que diz respeito à centralização e descentralização, os próprios colaboradores podem relatar como acreditam que a organização deveria se posicionar quanto a isso, questões estas a serem analisadas na segunda fase deste procedimento.

O clima organizacional pode ainda ser facilmente melhorado uma vez diagnosticado a insatisfação com relação aos benefícios (férias premio pagas, seguros e planos de saúde, reembolso para cursos e formação acadêmica, festas e eventos sociais, programas de incentivo, assistência farmacêutica, assistência odontológica etc.) ou condições físicas de trabalho (qualidade das condições físicas de trabalho, as condições de conforto, instalações em geral, riscos de acidentes de trabalho e doenças profissionais) evidenciada a importância de obter dados quanto às percepções dos colaboradores.

Além de ouvir seus colaboradores sobre suas percepções em relação às variáveis supracitadas, as organizações podem inovar, a exemplo, conhecer a realidade familiar, social e econômica em que os mesmos vivem. Desta forma poderão encontrar outros fatores do clima organizacional que justificam o ambiente da organização. O fato é que não é padrão de perguntas a serem feitas para se obter um diagnóstico sobre o clima organizacional, a pesquisa deve contar com um questionário adaptado à realidade da organização, à cultura e linguagem dos seus colaboradores.

A organização que deseja obter uma mensuração eficaz quanto ao seu clima organizacional deve assegurar a credibilidade, confiança e sigilo das informações do processo, sugere-se que a primeira etapa do processo seja executada por profissionais que não fazem parte do quadro de colaboradores.

São inúmeros os benefícios que podem ser obtidos através de uma pesquisa de clima organizacional, como: diminuir burocracia; identificação das necessidades de treinamento e desenvolvimento dos colaboradores; enfocar o cliente interno e externo; aperfeiçoar as ações gerenciais, tornando-as mais consistentes; aumento da produtividade; diminuição no índice de rotatividade; criação de um ambiente de trabalho seguro; aumento da satisfação dos clientes internos e externos; o alinhamento da cultura com as ações efetivas da organização; promoção do crescimento e desenvolvimento dos colaboradores; integração dos diversos processos e áreas funcionais e aperfeiçoamento a comunicação.

As organizações com o clima organizacional fortemente estruturado e saudável têm suas produtividades e lucratividades aumentadas. A gestão interativa depende estreitamente da cultura e clima organizacional, de forma que a cultura deve ser mais voltada para um ambiente dinâmico, orgânico e que influencie a participação e o desempenho individual.

3.4 Estilos de liderança

A liderança refere-se à forma que o gestor conduz suas equipes, os estilos de administração geralmente definem o tipo de liderança preponderante na organização. Segundo Robbins[43], liderança é a capacidade de influenciar um grupo em direção ao alcance dos objetivos. Partindo do princípio que a organização precisa extrair dos colaboradores o maior envolvimento e comprometimento com o trabalho possível para que as metas sejam atingidas, como já vimos os fatores motivacionais influenciam a produtividade, sendo assim a forma como o gestor lidera seu colaborador é a ferramenta da qual ele dispõe para inserir no colaborador as metas organizacionais, e a forma como ele faz isso é que define o tipo de liderança e o retorno que o colaborador oferece.

Na atualidade observo que os colaboradores de grande parte das organizações em muitas das situações não se comprometem com as metas da organização, ou até mesmo com suas atividades do cotidiano. Essa realidade nos faz questionar se realmente este comprometimento não existe ou a forma como o colaborador está sendo coordenado tem apresentado falhas, no que diz respeito a inserção desse colaborador no planejamento estratégico, mesmo a forma como ele é tratado no ambiente de trabalho, ou ainda a falta de comunicação dentro da organização poderia ocasionar este fenômeno de impacto negativo para a organização. Para Bergamini[44], há uma nova dimensão do conceito de liderança, aponta que liderar é, antes de qualquer coisa, ser capaz de administrar o sentido que as pessoas dão àquilo que estão fazendo. Acrescenta ainda que, essa administração do sentido implica conhecimento e domínio das características da cultura da organização, ao mesmo tempo em que liderar exige

---

[43] ROBBINS, Stephen P. **Comportamento organizacional.** Tradução: Reynaldo Marcodes. 9. ed. São Paulo: Prentice Hall, 2002.

[44] BERGAMINI, Cecília W. **Liderança**: administração do sentido. São Paulo: Atlas, 1994.

também o conhecimento do sentido que cada um dá à atividade que desempenha. Em virtude disto entende-se que há necessidade da comunicação ser clara e objetiva, independentemente do estilo de liderança adotado. Embora se saiba que há estilos de liderança que favorecem a atuação do estilo de gestão no ambiente de trabalho.

Em 1939, os psicologistas Lewin, Lippit e White realizaram estudos sobre a natureza da liderança. Diferenciaram dois estilos de liderança, a autoritária, que reinava a ordem e a decisão singular, e a democrática que encorajava a participação dos liderados. Dois estilos distintos e opostos, que se perpetuaram ao longo dos anos, com suas peculiaridades, geralmente são definidos pela visão dos gestores, inseridos a cultura da organização. A explanação feita deixa claro qual estilo de liderança se enquadra ao tipo de gestão abordada neste livro.

A liderança autoritária é a forma de conduzir as pessoas que por muitos anos foi predominante nas organizações, conforme contexto histórico apresentado nessa pesquisa observe que a unidade de comando prevalecia nas formas de governo público e privado, principalmente no período antecedente a Revolução Industrial, século XVIII, o estilo de liderança em questão aplicado as organizações é baseado na falta de confiança nos colaboradores, ou seja, acreditava-se que as pessoas não eram responsáveis para assumir atividades que os próprios gestores entendem por ser inerentes somente a gerência, pelo nível de capacitação e maior comprometimento que julgam possuírem com as metas da organização. A modalidade de liderança autoritária tem por característica a hierarquia clara e impositiva, em que as decisões concentram-se no topo da pirâmide de poder estabelecida por este tipo de administração.

A comunicação na liderança autoritária quando existente, apresenta-se de forma unilateral, o que sabemos é característica negativa, uma vez que a falta de comunicação ou sua deficiência, acarreta em informações distorcidas, podendo ainda gerar desmotivação, em virtude de o colaborador julgar não ser importante sua posição mediante ao que foi ou será alterado. Este tipo de gestão tem ainda por característica o surgimento de grupos informais, o que dependendo da coordenação pode acarretar prejuízos ao desempenho dos envolvidos e da organização como um todo. O foco da liderança autoritária está somente no controle sobre os indicadores, sobre os planos e sobre o comportamento das pessoas.

Em contrapartida ao estilo de liderança apresentado, os gestores dispõem de outra forma de liderar que permite maior flexibilidade, o que como já vimos é essa uma das tendências seguidas pela administração moderna, refere-se à liderança democrática, que tem por características a confiança nos colaboradores, parte da ideia de que as pessoas são responsáveis e capazes de assumir responsabilidades, outra característica diz respeito às decisões geralmente tomadas em grupos, o que facilita, uma vez que ao dispor de um portfólio de alternativas, entendo que há uma minimização da possibilidade de erros, no que se refere à comunicação, ele se apresenta em todos os sentidos nesse tipo de liderança, a democracia promove certo grau de liberdade, desta forma os colaboradores têm interação e acesso ao gestor logo que julgar necessário. No que diz respeito ao foco, diferentemente da liderança autoritária, a democrática atua com foco nas pessoas, pois reconhece sua relevância para as metas da organização, o estilo de liderança caracterizado os recursos humanos sentem-se valorizados e integrados a organização.

Há ainda um estilo de liderança chamado de Livre ou Laissez-Faire. Esse, por sua vez, foi caracterizado pela máxima liberdade, pelas decisões individuais e pela falta de controle por parte da liderança. Assim, com base nos estudos de Bergamini[45] pode-se dizer

---

[45] Bergamini, 1994.

que o líder pode exercer a liderança sem a necessidade do controle e da ordem, proporcionando plena liberdade aos liderado. Da mesma forma, também existe contextos de ausência de liderança, seja por omissão, por incompreensão ou indefinição ideológica. E, acrescenta ainda, que o comportamento do líder ideal não pode ser incutido no indivíduo. O estilo de liderança pode ser claro ou não, o fundamental é que a organização proporcione um ambiente de trabalho que se enquadre nos anseios dos colaboradores, uma vez que o mesmo seja também benéfico aos resultados alcançados pela organização. Em defesa ao estilo de gestão participativo desta obra, devo deixar claro que um líder em sua essência envolve os colaboradores em seus processos, na administração moderna não há espaço para liderança centralizada e coerciva.

3.5 Tomada de decisões

A tomada de decisões é a principal função do gestor da organização, pois a arte de tomar decisões é fundamental na área da administração das organizações não somente pela necessidade da iniciativa da decisão a ser tomada, mas também pela necessidade dos gestores estarem aptos a avaliar as vantagens e desvantagens de cada alternativa para escolher a que melhor atende aos anseios da organização, sempre visando o desempenho econômico, lembrando que também existem os resultados não econômicos, como a satisfação dos membros do negócio e dos colaboradores. Segundo Chiavenato[46], tomar decisões é identificar e selecionar um curso de ação para lidar com um problema específico ou extrair vantagens em uma oportunidade. Em complemento a definição apresentada, verifica-se ainda a necessidade de reconhecer que a decisão envolve uma racionalidade do tomador de decisão. A racio-

---

[46] CHIAVENATO. Idalberto. **Gerenciando Pessoas**. 3. ed. São Paulo: Makron Book, 2004. 634 p.

nalidade resulta da escolha das estratégias mais apropriadas para o alcance dos objetivos, na busca dos melhores resultados.

A tomada de decisão é um processo que consta a identificação do problema, dos critérios, a forma de elaborar, analisar e escolher alternativas, verificando a eficácia da decisão. O estilo de gestão interativa em estudo, no que se refere à tomada de decisões, defende a modalidade tomada de decisões em grupos, já que se acredita que os grupos oferecem excelente veículo para a realização de diferentes etapas do processo de tomada de decisões. Em virtude disso constata-se que a equipe uma vez inserida nesse processo pode vir a tornar-se uma fonte de coleta mais ampla e profunda de informações.

As equipes de trabalho dependendo da autonomia concedida podem proporcionar para a organização uma série de vantagens no processo de tomada decisões, de forma coletiva apresentam melhor desempenho, pois a solução do problema parte de uma base ampla de experiências e conhecimentos. Uma vez inserido o hábito de a organização estimular o desempenho dos colaboradores em grupo, surge maior criatividade, perspectiva mais aberta e maior eficiência na abordagem dos problemas. Caso a decisão a ser tomada afete diretamente a rotina dos colaboradores, uma vez que eles estejam inseridos nesse processo, outra vantagem é a minimização da possibilidade haver resistência à mudança a ser implanta, ou seja, os colaboradores vêem-se como responsáveis pela ação, e isso gera uma sensação de compromisso comum.

A qualidade das decisões tende a se elevar, não somente em quantidade de opções, mas também pela diversificação proporcionada pelas peculiaridades individuais dos colaboradores, compostas por linhas de raciocínio diversas, análise críticas próprias e mais extensivas. A definição dos objetivos em grupo tende a ser mais clara, embora a ação em grupo em termos de rapidez seja menos eficiente, pois ao executar uma decisão de forma interativa, essa terá o apoio prestado pela equipe que contribuiu de forma direta. O processo de tomada de decisões em grupo requer que o gestor que coordena essa etapa seja bastante perspicaz no que trata da igualdade de relevância de cada participante, pois geralmente em grupos há uma alta possibilidade de conflitos causados pelas reações humanas, ou seja, deve-se evitar que grupos centralizados dominem o processo que deveria ser integrativo e cooperativo. A ação interativa dispõe de algumas técnicas para evitar problemas como estes e para que os objetivos da organização sejam alcançados com sucesso.

O atual cenário requer a abordagem de novos paradigmas pautados na confiança entre líder e liderados. A tomada de decisões compartilhada apresenta-se sob o contexto organizacional que viabiliza a descentralização, o compartilhamento das informações e a autonomia nas decisões. É necessário que os gestores tenham a confiança e compreensão quanto à capacidade de tomada de decisões de seus colaboradores, diferente do que ocorre nas organizações autocráticas, onde a mesma limita-se a observações dos subordinados, impede a visualização das necessidades e ações a serem tomadas no local de trabalho.

O avanço da competitividade entre as organizações gera uma necessidade de se aprofundar o relacionamento entre o líder e seus liderados. As organizações contemporâneas necessitam estar sempre alterando seu foco de curto, médio e longo prazo, em virtude disso há a necessidade de uma nova postura na gestão dos recursos humanos, na qual se espera uma atitude proativa de todos, obtida por meio de um alto nível de envolvimento na organização a sua capacidade em tratar as questões organizatórias. A delegação de responsabilidades nas tomadas de decisões nas organizações passa necessariamente pelo claro entendimento do universo exterior e a posição da organização nesse mercado. A organização precisa criar e inserir responsabilidades em suas equipes de trabalho, criando autonomia que vá ao encontro dos objetivos da mesma.

CAPÍTULO 4

ANÁLISE DA GESTÃO INTERATIVA ORGANIZACIONAL

Caro leitor, é necessário conhecer uma dada realidade, para que se possa identificar a gestão apresentada nesta obra e sua relação com a produtividade. Realizei uma pesquisa em uma organização, essa nos leva a uma compreensão e interpretação de fatos. A coleta de dados foi feita através da aplicação de dois questionários. Um direcionado aos colaboradores e o outro direcionado aos gestores, com o objetivo de trazer as reflexões, argumentações e interpretações dos entrevistados envolvidos. A interpretação dos dados desses questionários ocorreu levando-se em conta o número de vezes que os entrevistados passaram a mesma ideia sobre determinado questionamento e a relevância da resposta, a fim de solucionar as indagações pertinentes ao tema gestão interativa. Para complementar a análise desses dados, utilizara-se de material bibliográfico de diferentes autores, que fortaleceram o posicionamento dos questionados. O número encontrado para o tamanho da amostra, para um nível de confiança de 92% e um erro amostral de 8% foi de 82 colaboradores da organização, na qual obtive uma amostra de 49 para a análise, bem como quatro dos cargos de presidente, gerente e diretor com o objetivo de extrair dados que proporcionasse um confronto de ideias sobre o assunto pesquisado e seus impactos na produtividade na visão de colaboradores e gestores.

A análise desses dados é pautada nas percepções de colaboradores e gestores quanto à eficácia da gestão interativa na produtividade, em anos de experiência em gestão organizacional, contribuo com observações quanto aos objetivos atingidos no cotidiano organizacional compartilhado, em material de vários autores, em livros, dicionários, periódicos especializados, além de outras publicações, com dados relacionados ao assunto em estudo, também foram utilizados materiais obtidos em jornais, revistas e internet enfocando principalmente temas como, gestão, participação, organizações, democracia, produtividade, cultura organizacional, motivação, dentre outros assuntos.

O planejamento foi a primeira etapa na busca de respostas para o objetivo deste livro. Objetivando traçar estratégias que permitissem com que esta obra chegasse ao encontro de seus verdadeiros objetivos. Defini que meios necessários seriam utilizados. Partindo do pressuposto de que a pesquisa científica se define como uma atividade voltada para o esclarecimento de situações-problemas ou de novas descobertas, tornou-se imprescindível definir os caminhos e formas que seriam seguidos no desenrolar desta obra.

CAPÍTULO 5

A GESTÃO INTERATIVA SOB A PERCEPÇÃO DE COLABORADORES E GESTORES

Leitor, a análise da pesquisa visa demonstrar a opinião dos colaboradores e gestores, averiguando a existência dos fatores que caracterizam a gestão interativa e sua influência na produtividade da organização pesquisada, de forma coerente e objetivando a análise fiel da realidade. Através do levantamento realizado, identificou-se o tipo de gestão da organização, a visão dos colaboradores quanto à gestão interativa na organização pesquisada, encontra-se detalhado os dados referentes às perguntas dos questionários, as quais foram analisadas conforme conteúdo exposto no trabalho desenvolvido.

A pesquisa se deu por meio da aplicação de dois questionários com questões abertas e fechadas, um contendo 14 questões aplicadas aos colaboradores e o outro contendo 15 questões aplicadas aos gestores. Tendo como uma de suas vantagens e objetivo a possibilidade de atingir grande número de pessoas de diversas localizações setores, permitindo ainda o anonimato das pessoas e das respostas, informação essa repassada aos questionados para que os mesmos se sentissem a vontade, de forma que as pessoas respondam no momento que lhes pareça mais apropriado e que estivessem seguros quanto ao sigilo das respostas, outra vantagem é o fato do questionado não estar exposto à influência da pessoa do pesquisador. Para as questões objetivas foi utilizada uma legenda, a qual o respondente deveria optar por uma das alternativas, de acordo com a sua percepção. Para cada item que consta nas duas fichas de pesquisa existem duas alternativas de resposta, o questionado foi instruído a marcar com um X uma única alternativa para cada item, aquela que mais se aproxime da sua análise individual de cada item.

As duas alternativas são: Alternativa 1 - SIM, ao marcar esta alternativa significa que a resposta é positiva para a questão contida no item que está sendo avaliado e 2 – NÃO, ao marcar esta alternativa significa que a resposta é negativa para a questão contida no item que está sendo avaliado.

1	2
SIM	NÃO

Conheça as questões feitas aos colaboradores de uma organização para obtenção dos dados para análise:

Questionário aos Colaboradores da Organização.

Este questionário teve como objetivo diagnosticar a gestão interativa e seus fatores de influência na produtividade organizacional.

Identificação

1. Formação acadêmica e profissional.

( ) Ensino Fundamental ( ) Ensino Médio
( ) Graduação ( ) Especialização
( ) Outros _____

2. Há quanto tempo trabalha nesta organização?

( ) Menos de 2 anos ( ) Entre 2 e 4 anos
( ) Entre 4 e 8 anos ( ) Mais de 8 anos

3. O que entende por gestão interativa?

_____
_____
_____

4. A organização dispõe de setores com função e atribuições bem definidas?

( ) Sim ( ) Não

5. Os objetivos, as metas, estratégias e os planos de ação da organização são definidos conjuntamente?

( ) Sim ( ) Não

6. Os objetivos da organização são claramente definidos?

( ) Sim ( ) Não

7. Os colaboradores e os diretores tomam decisões conjuntas relativas às estratégias a curto, médio e longo prazo?

( ) Sim ( ) Não

8. Na organização em que trabalha a gestão é interativa?

( ) Sim ( ) Não

Justifique _____
_____
_____

9. Quais são as vantagens da gestão interativa?

_____
_____
_____

10. Você conhece os projetos da organização?

(   ) Sim (   ) Não

11. Alguma vez participou na elaboração desses projetos?

(   ) Sim (   ) Não

12. Quando os colaboradores apresentam um projeto inovador, a equipe da direção apoia a sua realização?

(   ) Sim (   ) Não

13. O seu gestor lhe questiona, pede sua opinião ou sugestão antes de tomar uma decisão?

(   ) Sim (   ) Não

Conheça as questões feitas aos gestores de uma organização para obtenção dos dados para análise:

Questionário aos Gestores da Organização.

Este questionário teve como objetivo diagnosticar a gestão interativa e seus fatores de influência na produtividade organizacional.

Objetivo: Conhecer a opinião e atuação dos gestores quanto à aplicação da gestão interativa na organização.

Identificação

1. Formação acadêmica e profissional.

(   ) Ensino Fundamental (   ) Ensino Médio
(   ) Graduação (   ) Especialização
(   ) Outros _____
Especificar Curso _____

2. Qual é a função que você desempenha na organização?

(especificar) _____

3. Há quanto tempo trabalha como gestor nesta organização?

(   ) Menos de 2 anos (   ) Entre 2 e 4 anos
(   ) Entre 4 e 8 anos (   ) Mais de 8 anos

4. O que entende por gestão interativa?

_____
_____
_____
_____

5. Na organização em que trabalha a gestão é interativa?

(   ) Sim (   ) Não

Justifique _____
_____
_____

6. Como você observa a participação dos colaboradores nos processos inerentes à tomada de decisões na organização?

_____
_____
_____

7. Existe envolvimento dos colaboradores nas metas da organização e vice-versa?

(   ) Sim (   ) Não

8. Em sua opinião, a participação dos colaboradores na vida da organização pode melhorar os resultados do processo produtivo?

(   ) Sim (   ) Não

Justifique _____

_____

_____

9. A organização desenvolve atividades (reuniões, assembleias, comitês) procurando envolver os colaboradores?

( ) Sim ( ) Não

10. Os colaboradores participam da elaboração do planejamento estratégico, tático e operacional?

( ) Sim ( ) Não

11. A organização reúne por iniciativa do presidente ou dos gerentes os colaboradores para informar algo? No ano, quantas vezes se reúnem?

( ) Sim ( ) Não

Especificar

12. Os colaboradores subordinados a você têm autonomia para tomar decisões referentes ao trabalho que desempenham?

( ) Sim ( ) Não

13. As opiniões e sugestões dos colaboradores são levadas em conta no processo decisório desta organização?

( ) Sim ( ) Não

14. Você enquanto gestor abre espaço para seus colaboradores opinarem, sugerirem ou questionar algo referente a uma decisão a ser tomada?

( ) Sim ( ) Não

15. Em sua opinião, os colaboradores são capazes de assumir responsabilidades?

( ) Sim ( ) Não

As questões 1 e 2 tiveram como objetivo identificar o perfil dos colaboradores, levando em consideração, formação acadêmica e profissional e o tempo de organização.

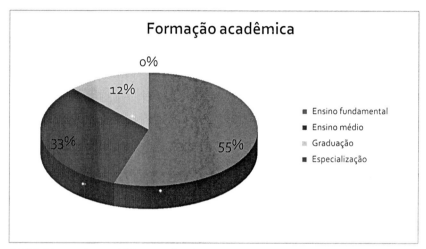

GRÁFICO 1 – FORMAÇÃO ACADÊMICA
FONTE: Dados da pesquisa coletados entre os dias 20/10 e 05/11/14.

Conforme exposto no Gráfico 1 que representa a Questão 1, dos colaboradores pesquisados, 55 % possuem o ensino médio, 33% simboliza os colaboradores que possuem graduação e 12% possuem especialização. Os dados expostos serão considerados no que se refere ao perfil do colaborador pesquisado, bem como a relevância do grau de instrução do colaborador ao gestor que necessita de consultoria interna vindo dos próprios colaboradores.

Percebemos mediante os dados que a organização pesquisada possui um elevado percentual de colaboradores sem formação superior, necessitaria de um estudo aprofundado que diagnosticasse os fatores que propiciam essa realidade, o fato é que para alguns gestores o nível acadêmico do colaborador influencia na sua participação na tomada de decisões, embora haja fatores de grande relevância a ser considerado como a experiência e o domínio sobre o trabalho realizado. Partindo do exposto entendo ainda que há a necessidade de projetos que apoiem e incentivem o quadro de colaboradores a dar continuidade em sua formação acadêmica.

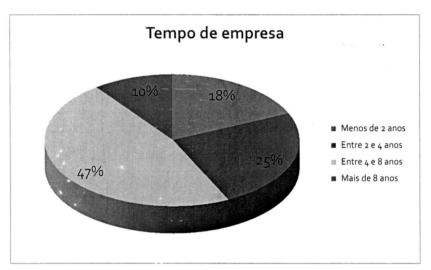

GRÁFICO 2 – TEMPO DE ORGANIZAÇÃO
FONTE: Dados da pesquisa coletados entre os dias 20/10 e 05/11/14.

O Gráfico 2 representa a Questão 2 e expõe um demonstrativo que trata do tempo de organização dos colaboradores pesquisados, onde obteve-se os seguintes dados: 18 % dos colaboradores possuem menos de 2 anos de organização, 25% possuem entre 2 e 4 anos, 47% possuem de 4 a 8 anos e 10% possuem mais de 8 anos de organização, observe uma alta taxa de colaboradores que trabalham na organização até os 8 anos, com relação ao tempo de organização e o tipo de gestão em estudo, os gestores pesquisados julgam ser importantes no processo de envolvimento do colaborador com a tomada de decisões, o conhecimento sobre o assunto, experiência e o em segundo plano o tempo de organização.

Conforme indagação feita na Questão 3 sobre a definição dada pelos colaboradores e gestores para gestão interativa, obtiveram-se os seguintes dados: 6 dos colaboradores questionados não responderam, o que representa 12 % dos pesquisados, 7 colaboradores, o que representa 14 % dos pesquisados quando confrontamos as definições que obtivemos nesta obra e nas fontes publicadas e no cotidiano das organizações que embasam esta pesquisa, apresentaram definição divergente, enquanto que 36 colaboradores pesquisados, representando 74%, apresentaram definição a gestão interativa com as características devidas, a maioria dos colaboradores, tendeu a discorrer gestão interativa como sendo uma interação entre gestores e colaboradores, onde cria-se um ambiente de participação, diálogo, comunicação e envolvimento dos executores das atividades e gestores que gerenciam a organização, pois acredito que há uma relação direta com o processo de tomada de decisões. Discorrem ainda sobre o engajamento ocasionado mediante a participação dos colaboradores nas metas e objetivos da organização, uma vez que esse envolvimento gera comprometimento, satisfação e motivação aos mesmos. Outra característica abordada pelo maior percentual dos colaboradores pesquisados trata da valorização que a gestão interativa traz aos colaboradores, pois o trabalho em conjunto, faz com que todos se sintam úteis e importantes para a organização.

Em definição ao tipo de gestão pesquisada, parte dos colaboradores que compõem o maior percentual diagnosticado nesse quesito, discorreu sobre a necessidade de haver um fórum participativo, reuniões, onde se ouve a todos, ideias, opiniões, sugestões que aprimorem as atividades setoriais e gerencias.

A questão abordada também foi aplicada a amostra de quatro gestores da organização em estudo, em que os mesmos responderam ao questionamento, tendendo a definir gestão interativa como sendo uma técnica ou método que tende a promover a participação direta e indireta dos colaboradores, de forma democrática, valorizando opiniões e atribuindo responsabilidades, uma vez que as metas da organização são de objetivo comum. Definiram ainda gestão interativa como sendo um tipo de gestão não centralizado, no qual todos de alguma forma participam não somente do desenvolvimento da organização com suas atribuições do cotidiano, como também participação através de fóruns que visam captar sugestões de melhoria ou para definição de um plano de ação.

Os gestores acreditam que quando todos estão unidos em prol das mesmas metas, é mais fácil alcançá-las, não é necessário que os objetivos precisem ser tão grandiosos para demonstrar o envolvimento dos colaboradores na gestão interativa, pois os benefícios são inúmeros como reduzir custos, por exemplo, é uma necessidade de organização de todos os setores. Os gestores questionados acreditam que quando essa meta é debatida com todos os colaboradores da organização, que são convidados a apresentar sugestões, as chances de que ela seja atingida são ampliadas, visto que isso ocorre através do trabalho em equipe, integradas aos processos, pois as mesmas têm autonomia para indicar as ações que podem minimizar despesas sem interferir na produtividade e na qualidade. E mais importante, os colaboradores estarão comprometidos com as proposições que apresentaram.

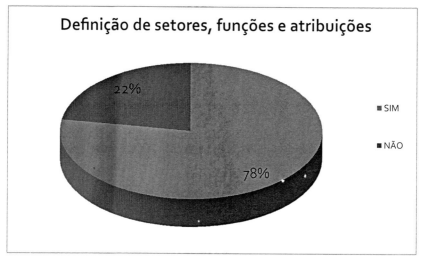

GRAFICO 3 – DEFINIÇÃO DE SETORES, FUNÇÕES E ATRIBUIÇÕES.
FONTE: Dados da pesquisa coletados entre os dias 20/10 e 05/11/14.

De acordo com o Gráfico 3, representando a Questão 4, os colaboradores quando questionados sobre a organização dispor de setores com funções e atribuições bem definidas, 78% responderam que sim, enquanto que 22% responderam que não.

Analisando os dados observei que a maioria dos colaboradores que compõem a amostragem da pesquisa confirma como sendo presente na organização pesquisada, característica relevante no que se refere ao planejamento da organização, extraio ainda a informação que uma vez que há definição de atribuições evitam-se conflitos entre colaboradores, o que não afeta de forma alguma a boa atuação do tipo de gestão em estudo.

A gestão interativa pressupõe engajamento, setores definidos e atribuições claras, o que não combina muito com organizações fechadas e autocráticas. Pois após a avaliação prévia da atual situação da organização é que se é possível implantar ou realizar mudanças que permitam uma implantação. O estudo dos colaboradores de forma avaliativa motiva e desmotiva, é relevante realizar ajustes entre as funções desempenhadas.

GRÁFICO 4 – DEFINIÇÃO CONJUNTA DE OBJETIVOS, METAS, ESTRATÉGIAS E PLANO DE AÇÃO
FONTE: Dados da pesquisa coletados entre os dias 20/10 e 05/11/14.

Conforme Gráfico 4 que representa a Questão 5, os colaboradores quando questionados sobre os objetivos, as metas, as estratégias e o plano de ação da organização serem definidos de forma conjunta, obteve-se os seguintes dados, 61% responderam que sim, enquanto que 39% responderam que não. Desta forma observo que a maioria dos colaboradores que contemplam esta pesquisa acredita que há participação dos colaboradores da organização nos processos que contemplam a gerencia, sendo assim extrai-se um dado relevante para esta pesquisa. Quando questionados aos processos contidos na questão e o envolvimento dos colaboradores, os quatro gestores em unanimidade responderam que sim. Em confronto aos dados obtidos concluo que a organização abre espaço para a participação dos colaboradores.

Através dos dados, além de diagnosticar a organização nesse quesito, pode-se perceber que dentre os elevados índices que medem a satisfação dos colaboradores, a sensação de contribuir com o crescimento da organização está sempre entre os itens mais citados. A gestão interativa é, acima de tudo, uma forma de integrar toda a organização às metas de crescimento. É importante para a organização contar com o engajamento de toda equipe, assim como é importante para colaboradores fazer parte das conquistas. Partilhando a gestão, partilham-se méritos e responsabilidades. A organização consegue, dessa forma, comprometer os colaboradores.

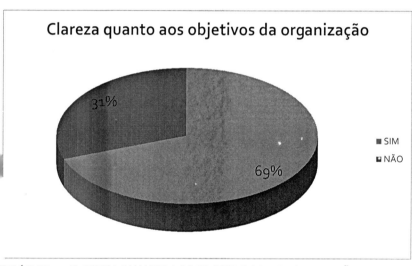

GRÁFICO 5 – CLAREZA QUANTO AOS OBJETIVOS DA ORGANIZAÇÃO
FONTE: Dados da pesquisa coletados entre os dias 20/10 e 05/11/14.

De acordo com Gráfico 5 o qual representa a Questão 6, quando questionados sobre a existência de clareza quanto à definição dos objetivos da organização, 69,% responderam que sim, enquanto que 31% responderam que não. Em virtude dos dados obtidos, observe que a maioria dos pesquisados deram resposta favorável ao quesito questionado. Quando questionados os gestores ainda sobre o mesmo aspecto, apresentaram ideias favoráveis ao maior percentual obtido pelos colaboradores, essa ideia e visão conjunta evidenciam uma característica da organização que promove a gestão interativa, uma vez que a definição clara desses aspectos organizacionais tende a envolver e promover a participação do colaborador, seja no processo de tomada de decisões, ainda que de forma indireta ou pelo mérito da sua contribuição com a eficácia e eficácia da execução de suas atribuições.

Observe a relevância que a organização mantenha uma comunicação clara e objetiva, de forma que se explique adequadamente como funciona a administração da organização e declarando como interativa, mostrando que há espaços para recebimento de propostas e, nos momentos de diálogo com os colaboradores é importante que se esqueça da hierarquia, partindo do princípio em que todos estão juntos partilhando propostas e até experiências com o mesmo objetivo.

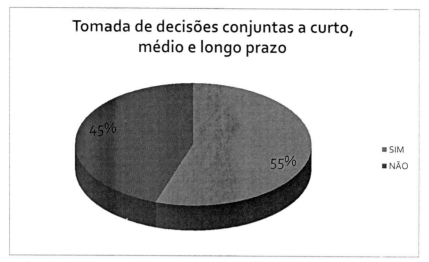

GRÁFICO 6 – TOMADA DE DECISÕES CONJUNTAS A CURTO, MÉDIO E LONGO PRAZO.
FONTE: Dados da pesquisa coletados entre os dias 20/10 e 05/11/14.

Conforme exposto no Gráfico 6, representando a Questão 7, 55 % dos colaboradores responderam que sim quando questionados sobre colaboradores e diretores tomarem decisões conjuntas relativa as estratégias a curto e longo prazo, enquanto que 45% dos pesquisados responderam que não. Extraio dos dados obtidos que a organização pesquisada envolve os colaboradores no planejamento estratégico, tático e operacional.

Observe que a partir dos dados obtidos onde a organização, na visão da maioria dos colaboradores, permite ou promove esse trabalho conjunto, porém pelo elevado percentual embora minoria que tenha análise negativa quanto a esse aspecto, entende-se que em algum dos níveis de planejamento a organização promova em menor grau a ação interativa. A abertura de um canal de espaço para recebimento de ideias é, também, estabelecer um canal de comunicação diferente do tradicionalmente adotado pelas organizações. Isso significa que não existe mais aquela situação em que o gestor fala e a equipe assimila. Ao solicitar a participação de todos, o gestor precisa estar disposto a ouvir mais.

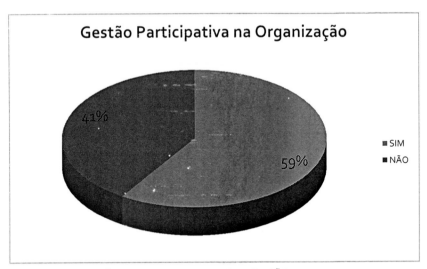

GRAFICO 7 – GESTÃO INTERATIVA NA ORGANIZAÇÃO
FONTE: Dados da pesquisa coletados entre os dias 20/10 e 05/11/14.

Os colaboradores foram indagados quanto a existência da gestão interativa na organização pesquisada, os resultados obtidos encontram-se no Gráfico 7, que representa a Questão 8, em que 59% disseram que sim e 41% disseram que não. Em confronto a mesma indagação feita aos gestores os mesmos de forma unânime responderam que sim. Os gestores de forma discursiva justificaram suas respostas, afirmando que procuram distribuir responsabilidades, não centralizando ideias, respeitando opiniões dos colaboradores, independentemente de sua posição hierárquica, dos quatro gestores questionados, um discorreu sobre certa limitação que julgou ser inerente a pouca escolaridade de boa parte dos colaboradores. A partir dos dados que apontam que maioria dos colaboradores questionados identifica a gestão interativa na organização em que trabalham em concordância com a gestão que afirmou que as decisões importantes são levadas a um fórum participativo, esses dados foram levados em consideração no diagnóstico do tipo de gestão da organização pesquisada bem como seus impactos sobre a produtividade da mesma.

A Questão 9 objetivou extrair dos colaboradores e gestores as vantagens da gestão interativa, pude obter os seguintes dados: oito dos colaboradores questionados não responderam , o que representa 16% dos pesquisados, três colaboradores, o que representa 6% dos pesquisados, apresentaram vantagens divergentes quando confrontadas as vantagens apresentadas que embasam esta pesquisa, enquanto que 38 colaboradores pesquisados, representando 78%, atribuíram vantagens a gestão interativa com as características inerentes a mesma, a maioria dos colaboradores, tenderam a discorrer as vantagens como resultando maior empenho dos colaboradores envolvidos.

Na análise das vantagens, observei que os colaboradores puderam ainda chegar à conclusão quanto a sua importância para a organização, e os gestores podem ainda através desta análise utilizar os dados como uma forma de descobrir novos talentos na organização, melhorar a comunicação, assim o colaborador sente-se valorizado, pois atua em um constante processo de desenvolvimento e crescimento, aumento da produtividade, uma vez que um bom ambiente de trabalho com características interativas minimiza as falhas e gera motivação, outra vantagem identificada pelos colaboradores refere-se a uma melhor análise dos riscos, em virtude de um maior número de pessoas envolvidas, com pontos de vista diferentes gerar menor susceptibilidade a erros.

Segundo a maioria dos colaboradores pesquisados a gestão

interativa gera um ambiente de liberdade e interação, maior numero de ideias, motivação e satisfação o que futuramente representa melhores indicadores de produtividade, melhor relacionamento interpessoal, transparência, integração com o processo produtivo, evita sentimentos individuais de isolamento e gera maior comprometimento com as metas da organização.

Quando questionados sobre as vantagens e se a participação dos colaboradores poderia apresentar melhores resultados no processo produtivo, os gestores tenderam a discorrer sobre aspectos citados pelos colaboradores ao mesmo questionamento, acreditam que a tendência da participação é gerar melhor resultado a produção, em virtude de aspectos como: motivação, valorização, descentralização, comprometimento. Abordaram ainda sobre a relevância dos colaboradores participarem de decisões inerentes as suas atividades, uma vez que os mesmos são as pessoas mais indicadas a opinarem sobre melhorias no seu próprio ambiente de trabalho, no que diz respeito desde condições físicas, como forma de execução, plano de ação e estratégia.

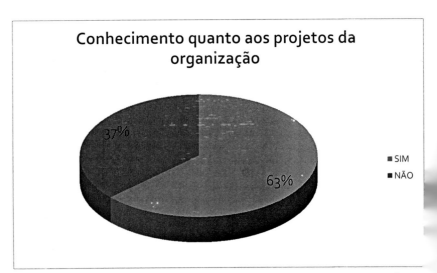

GRÁFICO 8 – CONHECIMENTO QUANTO AOS PROJETOS DA ORGANIZAÇÃO

FONTE: Dados da pesquisa coletados entre os dias 20/10 e 05/11/14.

De acordo com Gráfico 8 representando a Questão 10, 63% dos colaboradores pesquisados responderam sim quando questionados sobre conhecerem os projetos da organização, enquanto que 37% disseram que não. Questionou-se os gestores sobre reuniões por iniciativa da presidência ou dos gestores com a finalidade de informar sobre projetos ou mudanças na organização, em unanimidade afirmaram que sim, disseram ser comum a organização promover encontros que envolvam os colaboradores, segundo suas ideias apresentadas de forma discursiva geralmente essas reuniões ocorrem quando se quer implantar uma mudança, motivar para atingir metas e coletar ideias para resolver situações difíceis.

O conhecimento dos projetos da organização por parte dos colaboradores depende de descentralização e comunicação, atualmente a comunicação é conhecida como um dos fatores mais importantes dentro de uma organização, isso porque qualquer ação começa com comunicação. A falha em um processo de comunicação pode causar perdas financeiras além de mal estar entre os colaboradores da organização. Num primeiro momento a perda financeira parece ser o principal problema que um processo ineficaz de comunicação pode gerar, porém, quando se põe em risco o clima organizacional é muito difícil recuperá-lo.

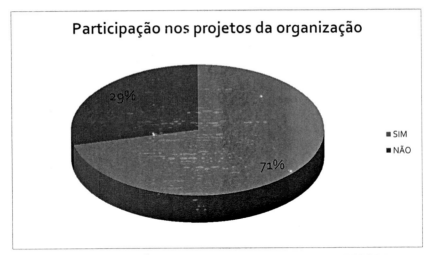

GRÁFICO 9 – PARTICIPAÇÃO DOS COLABORADORES NOS PROJETOS DA ORGANIZAÇÃO
FONTE: Dados da pesquisa coletados entre os dias 20/10 e 05/11/14.

Conforme Gráfico 9, representando a Questão 11, questionei aos colaboradores se alguma vez teriam participado da elaboração de projeto na organização, 71% dos questionados responderam que sim, enquanto que 29% responderam que não. Entendo a partir desses dados que há incentivo por parte da organização para que os colaboradores se envolvam no planejamento organizacional, o que vai de acordo com o que foi afirmado pelos gestores, onde estes afirmaram que há liberdade total e comunicação interativa na hierarquia da organização, que os colaboradores têm autonomia para tomarem decisões, pois acreditam que há uma grande influência sobre os resultados esperados.

A gestão interativa, enquanto cultura organizacional requer a compreensão comum de seus impactos sobre as metas da organização, entre eles, aqueles associados às funções de planejamento, avaliação e controle. Essas representações devem ser compartilhadas pelo maior número possível de agentes organizacionais, tendo em vista o atendimento das demandas e expectativas da organização para a melhoria contínua dos processos em que os serviços e produtos são gerados. A participação apresenta uma proposta que decorre de uma interpretação partindo de baixo para cima, tendo como centro a descentralização. A organização é vista como um grande processo constituído de processos menores que se encadeiam para produzir as transformações requeridas para atingir a produtividade esperada.

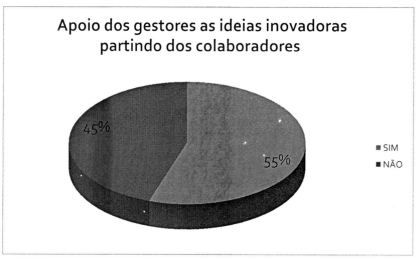

GRÁFICO 10 – APOIO DOS GESTORES AS IDEIAS INOVADORAS PARTINDO DOS COLABORADORES
FONTE: Dados da pesquisa coletados entre os dias 20/10 e 05/11/14.

Os colaboradores foram indagados se ao apresentarem alguma ideia ou projeto inovador à equipe de gestores apoia sua execução. Os resultados obtidos na Questão 12 encontram-se no Gráfico 10, onde 55 % responderam que sim, enquanto que 45% responderam que não. Questionei aos gestores se opiniões e sugestões dos colaboradores são levados em conta no processo decisório da organização, os quatro gestores questionados responderam que sim, pois afirmaram ainda a abertura de espaço para os colaboradores questionarem, acrescentarem, opinarem ou sugerir algo referente a uma decisão a ser tomada.

A participação é de suma importância tendo em vista que vai servir como diferencial do clima da organização. De nada adianta haver um discurso sobre participação se não houver ações que demonstrem isso, principalmente por parte dos níveis hierárquicos mais altos. O colaborador é extremamente sensível ao clima imposto no trabalho. Se houver ambiguidade entre a proposta e as ações interativas o colaborador, com certeza, não se comprometerá com a proposta e a implementação das ações de melhoria poderão estar fadadas ao fracasso.

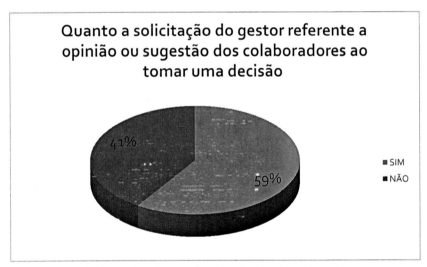

GRAFICO 11 – OPINIÃO OU SUGESTÃO DOS COLABORADORES AO PROCESSO DE TOMADA DE DECISÕES
FONTE: Dados da pesquisa coletados entre os dias 20/10 e 05/11/14.

Indaguei em questionário aos colaboradores se o gestor lhe questiona, pede sua opinião ou sugestão antes de tomar uma decisão. Os dados obtidos na Questão 13 encontram-se no Gráfico 11. Conforme Gráfico 11, 59,18% responderam que sim, enquanto que 40,81% responderam que não. Sabe-se que a condição para que um indivíduo possa assumir um ato comprometido está na possibilidade de que ele seja capaz de agir e refletir. Torna-se assim, necessário que o gerenciamento da rotina oportunize aos seus participantes uma postura reflexiva, para uma ação interativa, sobre a realidade a qual estão inseridos. O indivíduo somente refletirá a cerca do que lhe diga respeito, bem como agirá atendendo suas necessidades e percepções, pois antes de ser um profissional é um indivíduo, o qual tem o compromisso consigo próprio. Quando as pessoas são realmente convidadas a participar de todo o ciclo gerencial, ou seja, desde a execução do trabalho até a análise dos dados, construção das ações corretivas, preventivas e verificação da eficácia, eles se sentem valorizados e importantes para organização buscando assim uma motivação maior que os deixam sempre donos do processo, atuando pontualmente nas causas e bloqueando-as.

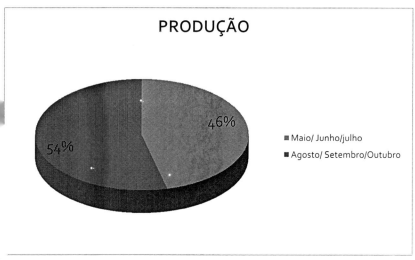

GRAFICO 12 – PRODUÇÃO
FONTE: Dados da pesquisa coletados entre os dias 20/10 e 05/11/14.

O levantamento dos dados referente à produção da organização, conforme Gráfico 12, , analisando por trimestre, pode-se verificar que nos meses de maio, junho e julho de 2014 a produção da organização atingiu a porcentagem de 46%, e nos meses de agosto, setembro e outubro do mesmo ano atingiu a porcentagem de 54%. Observe, caro leitor, que a organização pesquisada alcançou meta dos 100% da produção esperada.

Com base na identificação da gestão interativa na organização através dos dados coletados, pode-se verificar que a organização em questão tem fatores que são favoráveis à caracterização da gestão interativa, no que diz respeito à visão e compreensão desse tipo de gestão pelos gestores e colaboradores, pois, segundo os dados levantados, a maior parte desses fatores é positivo, demonstrando assim a existência da gestão interativa nesta organização, onde a mesma é avaliada de forma positiva pelos colaboradores. A gestão interativa representa um novo meio de superação de problemas industriais e econômicos, partindo do princípio que as mudanças nas condições do mercado nacional e internacional, aumento das expectativas da força de trabalho e mão de obra ativa, e interesse no conceito de democracia industrial e, além disso, existe uma concepção de que o respeito pelos colaboradores induz a melhoria do funcionamento organizacional. As pessoas só conseguem se realizar onde podem se sentir parte do que acontece a sua volta. Podemos então dizer que nesta análise, esta organização apresenta característica interativa ao permitir que os colaboradores sejam integrados a tomada de decisões, onde são ouvidos e inseridos nesse processo de forma ativa[47]. O que proporciona motivação, sendo este fator diretamente ligado à produtividade.

Em posse dos dados que identificam e avaliam o impacto da gestão interativa na produtividade da organização em questão

---

[47] SEMLER, Ricardo. **Virando a própria mesa**. São Paulo: Best Seller, 1998.

fiz a correlação com o nível de produção, e percebe-se que os resultados da pesquisa demonstram que a gestão interativa tem muitos fatores positivos e poucos negativos, e ainda podemos verificar que a produção final desta organização, em sua totalidade, conseguiu atingir a meta estipulada.

Constatei ainda que a pesquisa sobre gestão é uma ferramenta muito importante e de grande valia, pois ao investigar conferi que a organização está fazendo um bom trabalho em relação à gestão adotada aos seus colaboradores, pois esta pesquisa conseguiu demonstrar o nível de satisfação dos colaboradores quanto ao tipo de gestão e que pode ser usado como influência na tomada de decisão, se assim a organização verificar que há necessidade, o qual também pode servir como visão de melhorias que favorecerão tanto a organização, maximizando a produtividade e, consequentemente, os resultados, como também a melhoria do nível de satisfação do próprio colaborador.

Sugiro às organizações, como medida para elevar seus índices, a implantação de um fórum participativo que atue de forma periódica, promover reuniões integrativas, usufruir melhor de ferramentas comunicativas, incentivarem seus colaboradores a ingressarem em uma formação acadêmica superior, procurar reter seus colaborares por mais tempo na organização, minimizando a rotatividade. Conforme dados, foi identificada pelos próprios gestores a relevância da gestão interativa, sugiro ainda que as organizações aperfeiçoem suas técnicas de tomada de decisões, o maior envolvimento gera maior compromisso, que gera maior e melhor execução de atividades, trazendo um retorno positivo aos índices de produtividade e lucratividade.

CAPÍTULO 6

GESTÃO INTERATIVA: A GESTÃO DO SUCESSO

Esta obra apresentou e analisou os impactos e a relevância da gestão interativa na produtividade de uma organização. Foi possível diagnosticar as desvantagens da não adesão ao sistema de gestão interativa, evidenciando a centralização como característica negativa presente em parte dos estilos de gestão adotados, a desvalorização em virtude da falta de motivação e alienação do trabalho como fator prejudicial à produtividade, pôde-se ainda caracterizar as vantagens e desvantagens do tipo de gestão adotado pela organização, como vantagens identifiquei a motivação, cooperação, interação, descentralização, diversificação de ideias, melhor plano estratégico, gratificação, transparência, união, empenho a uma bom resultado coletivo, enquanto desvantagens verifiquei a possibilidade de haver perca de aproveitamento da mão de obra especializada ou ainda a variação das políticas e procedimentos internos, porém problemas esses passíveis de solução. Foi possível identificar as principais causas que levam os gestores das organizações a centralizarem suas decisões bem como apresentar indicadores quanti-qualitativos sobre os impactos da gestão interativa na produtividade de uma indústria.

O estilo de gestão interativa é amplamente aceito e solicitado pelos colaboradores. Em todas as respostas relacionadas à existência da gestão interativa na organização pesquisada, esse foi apresentado como sendo uma forma de gestão que tem sido realizada, pois está presente no estilo dos superiores. Razão pela qual, os gerentes e diretores assumem realmente o papel de gestores adeptos da gestão interativa perante seus subordinados, atuando de forma a motivá-los.

Baseando-se nessas informações é fundamentado afirmar que a gestão interativa tem muitos benefícios para a organização, foi visto que esta gera satisfação no trabalho, têm-se colaboradores mais motivados. No que se refere a relação entre a gestão interativa e a produtividade, podemos detectar que na organização em questão a gestão interativa exerce uma relação direta com a produtividade, pois através dos dados analisados identifiquei ser este o tipo de gestão atuante na organização, bem como seus benefícios para o alcance da produtividade esperada.

A gestão interativa é um fator determinante e a organização necessita dispor de gestores abertos a promover a participação de todos no processo decisório, pois esse é um dos fatores que justificam e proporcionam o alcance das metas conforme exposto nesta pesquisa, uma vez que a produção e produtividade sempre se mantiveram dentro da meta projetada pela organização. A produtividade no trabalho pode ser identificada como sendo o processo contínuo que procura obter, a partir do potencial do empregado motivado, o máximo de sua capacidade com o mínimo de tempo e esforço[48].

Uma das formas de otimizar os resultados da gestão interativa é investir na comunicação entre colaboradores e gestores, principalmente *feedbacks* mais frequentes, tanto positivos quanto negativos, que muitas vezes não acontecem em função da grande carga de trabalho, principal fonte geradora de estresse nas organizações. Faço essa recomendação, devido ao fato de que a questão que trata desse assunto apresentar um percentual passível de melhorias, pois geralmente é este um dos fatores que deixam a desejar, embora possa ser sempre possível melhorar.

---

[48] CARVALHO, Antonio Vieira de; SERAFIM, Ozilea Clen Gomes. **Administração de recursos humanos.** São Paulo: Pioneira, 1995. v. 2, 207 p.

Recomendo ainda as organizações que possibilitem elevação do nível acadêmico de seus colaboradores, a recomendação é feita em virtude do elevado número de colaboradores com nível de formação somente até o ensino médio, sugiro que as organizações realizem convênios com instituições de ensino superior, ou procure outras formas de melhorar a formação acadêmica de seus colaboradores.

Recomendo que os gestores das organizações desenvolvam programas de retenção de colaboradores, que diminuam seus níveis de rotatividade, pois na pesquisa realizada identifiquei que há uma elevada taxa de colaboradores com menos de 4 anos de organização, sabe-se que a rotatividade além de gerar custos, confronto de culturas organizacionais, déficit de integração com a equipe, insegurança no emprego e estresse, pode vir a ser bastante prejudicial a organização no que se refere a gestão de pessoas.

Como nota final desta obra, afirmo que a gestão interativa contribui para o aumento da produtividade, não como fator determinante, porém, sendo adepta desse estilo de gestão a organização só tem a ganhar, por isso que é de grande valia que os gestores estejam sempre preocupados em garantir a motivação e outras vantagens mediante a promoção da gestão interativa, promovendo a satisfação dos colaboradores no ambiente de trabalho, pois assim o colaborador ganha, por trabalhar mais feliz e motivado, sentindo-se importante e peça fundamental e atuante, como também a organização ganha com o aumento da produtividade e, consequentemente, na geração de lucros.

REFERÊNCIAS

ARCHER, Renato; CROPANI, Ottaviano de Fiore di; DONATO, Arthur João et al. **Mauá –** Empresário & Político. São Paulo: Bianchi Editores, 1987.

BENNIS, Warren. **A Formação do Líder**. São Paulo: Atlas, 1996.

BERGAMINI, Cecília W. **Liderança**: administração do sentido. São Paulo: Atlas, 1994

BERGAMINI, Cecília Whitaker. **Motivação nas Organizações**. 4. ed. - São Paulo: Atlas, 2006.

BRASIL. Constituição da República Federativa do Brasil - 1988. Disponível em: http://www.planalto.gov.br/ccivil_03/constituicao/Constituicao.htm. Acesso em: 2 set. 2014.

CALDEIRA, Jorge. **Mauá**: empresário do império. São Paulo: Companhia das Letras, 1995a.

CARVALHO, Antonio Vieira de; SERAFIM, Ozilea Clen Gomes. **Administração de recursos humanos**. São Paulo: Pioneira, 1995. v. 2, 207 p.

CHIAVENATO, Idalberto. **Introdução à Teoria Geral da Administração**. 7. ed. rev. e atual.- Rio de Janeiro: Elsevier, 2003. 634 p.

CHIAVENATO, Idalberto. **Administração de recursos humanos**. 4. ed. São Paulo: Atlas, 1999. 194 p.

CHIAVENATO, Idalberto. **Comportamento organizacional**. 2. ed. Rio de Janeiro: Elsevier, 2005. 539 p.

CHIAVENATO, Idalberto. **Administração nos novos tempos**. 6. ed. Rio de Janeiro: Campus, 2000. 707 p.

CHIAVENATO, Idalberto. **Comportamento Organizacional**: a dinâmica do sucesso das organizações. 2. ed. Rio de Janeiro: Elsevier, 2010a.

CHIAVENATO, Idalberto. **Gerenciando Pessoas**. 3. ed. São Paulo: Makron Book, 2004. 634 p.

CHIAVENATO, Idalberto. **Gestão de pessoas:** o novo papel dos recursos humanos nas organizações. 3. ed. Rio Janeiro: Elsevier, 2010b.

FARIA, José Henrique de. **Comissões de fábrica**: poder e trabalho nas unidades produtivas. Curitiba: Criar, 1987.

FONTES FILHO, Joaquim Rubens. O empreendedorismo no sistema cultural brasileiro: a história do barão de Mauá. *In*: ENANPAD, 27., 2003, Atibaia. **Anais** [...]. Atibaia: ANPAD, 2003. CD-ROM.

FREITAS, M. E de. **Cultura organizacional:** formação tipologias e impacto. São Paulo, Makron Books, 1991.

FREITAS, M. E. Cultura organizacional: grandes temas em debates. **Revista de Administração de Organizações**, v. 31, n. 2, p. 73-82. jul./ set. 1991.

GUERREIRO FILHO, Antonio. **O poder da camisa branca.** Uma nova filosofia de gestão interativa. São Paulo: Futura, 2004.

LERNER, Walter. **Organização Participativa.** São Paulo: Nobel, 1991.

LUZ, Ricardo. **Gestão do Clima Organizacional.** Rio de Janeiro: Qualitymark, 2006. 350 p.

MARANALDO, D. **Estratégia para a competitividade:** administração para o sucesso. São Paulo: Produtivismo Artes Gráficas, 1989. 352 p.

MASLOW.A. H. A. **Motivação e personalidade.** Nova Iorque: har-por,De 1954

McGREGOR, DOUGLAS. **O Lado Humano da Organização.** Nova Iorque: McGraw-Hill, 1960.

MAXIMIANO, A. C. A. **Teoria Geral da Administração.** 1. ed. São Paulo: Atlas, 2009.

MOTA, J. Contributos para uma discussão do conceito. **Educação, Formação & Tecnologias,** v. 2, n. 2, p. 5-21, 2009.

MOTTA, Fernando Claudio Prestes. **Teoria geral da administração.** 1. ed. São Paulo: Learning, 2004.

MOTTA, Sylvio. **Ética na Administração Pública.** Rio de Janeiro: Campus, 1984.

PARK, Kil Hyang; DE BONIS, Daniel Funcia; ABUD, Marcelo Reschini. **Introdução ao Estudo da Administração.** São Paulo: Pioneira Thomson Learning, 1997.

ROBBINS, Stephen P. **Comportamento organizacional.** Tradução: Reynaldo Marcodes. 9. ed. São Paulo: Prentice Hall, 2002.

SANTOS, A. R.; PACHECO, F. F.; PEREIRA, H. J.; BASTOS JR., P. A. Gestão do conhecimento como modelo empresarial. *In*: SANTOS, A. R.; PACHECO, F. F.; PEREIRA, H. J.; BASTOS JR., P. A. **Gestão do conhecimento**: uma experiência para o sucesso empresarial. Curitiba: Champagnat, 2001.

SEMLER, Ricardo. **Virando a própria mesa.** São Paulo: Best Seller, 1998.

SIRIHAL, Alexandre Bogliolo. Gestão interativa no Brasil: o elemento jurídico como norma Disciplinadora da regulação de conflitos. **Artigos do VIII ENANGRAD,** Rio de Janeiro, 1997.